ANDREAS SCHWARZ

Meditation entschlüsselt

GOLDMANN

Andreas Schwarz

MEDITATION ENTSCHLÜSSELT

In acht Stufen das Gedankenkarussell stoppen, zur inneren Ruhe finden und das wahre Selbst entdecken

GOLDMANN

Alle Ratschläge in diesem Buch wurden vom Autor und vom Verlag sorgfältig erwogen und geprüft. Eine Garantie kann dennoch nicht übernommen werden. Eine Haftung des Autors beziehungsweise des Verlags und seiner Beauftragten für Personen-, Sach- und Vermögensschäden ist daher ausgeschlossen.

Wir haben uns bemüht, alle Rechteinhaber ausfindig zu machen, verlagsüblich zu nennen und zu honorieren. Sollte uns dies im Einzelfall aufgrund der schlechten Quellenlage bedauerlicherweise einmal nicht möglich gewesen sein, werden wir begründete Ansprüche selbstverständlich erfüllen.

FSC www.fsc.org MIX Papier | Fördert gute Waldnutzung FSC® C014496

Penguin Random House Verlagsgruppe FSC® N001967

1. Auflage
Originalausgabe September 2023

Illustrationen: Sabine Timmann
Icons: shutterstock/Anna Frajtova
Umschlag: Uno Werbeagentur, München
Umschlagmotiv: FinePic®, München, Autorenfoto: © Privat
Redaktion: Judith Mark
Satz: Buch-Werkstatt GmbH, Bad Aibling
Druck und Bindung: GGP Media GmbH, Pößneck
Printed in Germany
SC · CB
ISBN 978-3-442-22372-5

www.goldmann-verlag.de

Für meine Frau
Franziska

My Soulmate

♡

INHALT

DIE LÜGE, DIE WIR LEBEN

Die meisten Menschen leben nicht wirklich – sie schlafen. Sie sind gefangen in ihrem eigenen Verstand. In ihrem Ego, das ihr wahres Selbst unterdrückt. Vielleicht bemerken sie es selbst gar nicht. Sie haben einen Job, den sie nicht mögen, damit sie Geld verdienen, um sich Dinge zu kaufen, die sie nicht brauchen, um Leuten zu imponieren, die sie eigentlich nicht mögen. Die meisten Menschen um uns herum sind so getaktet. Wir leben in einer verkehrten Welt, gefangen in einem Hamsterrad, das dieses chaotische, egogesteuerte System am Laufen hält. Wir hangeln uns von Termin zu Termin, ständig unter Zeitdruck, immer bestrebt, Leistung zu zeigen und bestimmte Ideale zu erfüllen. Doch auf diesem Weg verlieren wir uns. Wir stellen unsere Gesundheit, unser Wohlbefinden und unser Lebensglück aufs Spiel. Wir vergessen, wer wir wirklich sind, verleugnen unser wahres Selbst, und irgendetwas ganz tief in unserem Inneren fehlt uns. Dieses innere Loch versuchen wir irgendwie zu füllen. Manche versuchen es mit Drogen, Alkohol, Shopping oder Essen, andere mit Fernsehen oder Social Media. Wir lenken uns ab und sind ständig auf der Suche nach neuen Reizen, Glücksgefühlen und dem nächsten Endorphin-Kick. Das ist aber nicht wirklich das Leben, sondern es sind die Auswirkungen eines tiefen Schlafs, der uns unbewusst macht; der uns wie ein Autopilot durchs Leben steuert.

Aber was bedeutet »leben« denn dann? Was ist das wahre Leben da draußen? Wenn wir aus diesem Schlaf erwachen, nehmen wir die Welt mit neuen Augen wahr. Wir spüren, wie das Leben durch unsere Adern fließt, wie wir damit beginnen, jeden Moment vollständig auszukosten und zu genießen. Wir können das Glück in jeder kleinsten Lebenssituation finden und können uns von all dem lösen, was uns unglücklich macht. Wir können die Kontrolle über unser Leben zurückgewinnen. Wir können uns lieben, so wie wir sind, und ein neues, besseres Leben voller Bewusstheit kreieren. Wir können dann gar nicht anders, als wahres Glück und vollkommene Zufriedenheit zu erlangen.

Stell dir ein Leben voller Freiheit, Liebe, inneren Reichtum und Erfüllung vor. Dieses Recht auf ein besseres, erfülltes Leben steckt in jedem von uns. Dieses Potenzial liegt schlummernd irgendwo in dir verborgen – du musst es nur noch aufwecken und kannst beginnen, dieses Leben zu leben. Meditation ist der Schlüssel dazu.

VORWORT

Während ich diese Zeilen schreibe, sitze ich in Auckland auf der Dachterrasse von Freunden und genieße den Ausblick über die K-Road und die Skyline. Es ist interessant zu beobachten, wie der Verkehr fließt, die Menschen die Straßen überqueren und wie Möwen zwischen den Häusern segeln. Aus dieser Vogelperspektive kann man alles aus einer sicheren Entfernung betrachten. Von hier oben wirken alle Probleme, die die Menschen da unten haben, nur halb so groß.

Wer liebt es nicht, es sich gemütlich zu machen und aus wohltuender Distanz einfach zu beobachten, was um einen herum geschieht; losgelöst von all der Hektik und all dem Stress?

Was haben Meditation und diese Dachterrasse gemeinsam? Es ist der Weitblick! Anstatt dass wir es uns da oben gemütlich machen und aus gesunder Distanz unser Leben steuern, nehmen wir – metaphorisch betrachtet – den Fahrstuhl zum Erdgeschoss und begeben uns selbst ins große Getümmel. Wir versinken im hektischen Verkehr des gesellschaftlichen Lebens und seiner Erwartungen, denen wir uns anzupassen haben. Tun wir das nicht, ernten wir schiefe Blicke, werden von allen Seiten angehupt oder schlimmstenfalls mit Blaulicht abgeholt, wenn wir in einen Unfall verwickelt werden. Doch wenn wir Meditation üben, begeben wir uns auf die Dachterrasse und genießen unser Leben aus sicherer

Distanz. Natürlich können wir weiterhin die hektische Straße betreten, doch wir haben jederzeit die Möglichkeit, in nur einem Augenblick die Perspektive zu ändern und innerlich wieder oben auf der sicheren Dachterrasse zu stehen. Dort finden wir jederzeit zu innerer Ruhe, Stille in Gedanken und tiefer Weisheit, die wir alle in unserem Leben so sehr brauchen.

Mehr als mein halbes Leben ist Meditation nun ein Bestandteil meines Alltags. Viele Monate meditierte ich mit dem Zen-Meister Hyon Gak Sunim im Zen Center Regensburg, einige Wochen auch mit dem Yogi Swami Anand Bodhisattva am Fuße des Himalayas. Es hat mir nicht nur dabei geholfen, meine Perspektive zu erweitern und Abstand von Schwierigkeiten und Problemen im Alltag zu nehmen, sondern auch dabei, mein wahres Selbst zu entdecken. Auf dieser Reise habe ich meine eigene Persönlichkeit so intensiv weiterentwickeln können, dass ich heute ein Leben im Paradies führen kann. Ich habe meinen Sinn des Lebens gefunden und darf diesen meine »Arbeit« nennen. Heute helfe ich anderen Menschen dabei, über ihren Verstand hinauszuwachsen und ihr Bewusstsein zu erweitern. Mit viel Leidenschaft produziere ich geführte Meditationen, die heute bereits millionenfach gehört wurden – sei es auf YouTube, Instagram oder im Podcast. Vor einigen Jahren habe ich die spirituelle Online-Plattform HigherMind ins Leben gerufen und konnte hunderttausende Menschen mit dieser Vision erreichen. Das Schöne an dieser Lebensweise ist für mich persönlich, dass ich von überall auf der Welt arbeiten kann, mein eigener Chef bin und mich rund um die Uhr mit den Themen befassen kann, für die ich brenne. Seit einigen Monaten befinde ich mich mit meiner Seelenpartnerin auf einer spirituellen Weltreise und erlebe ein Abenteuer nach dem nächsten. Ein leichtes, glückliches und erfolgreiches Leben sind nur einige der Vorteile, die Meditation mit sich bringt. Glücklicherweise bin ich davon verschont geblieben, Meditation für gesundheitliche Zwecke einsetzen zu müssen, doch ich habe in den letzten Jahren mehreren Menschen genau dabei helfen können. Bevor ich anfing, anderen Menschen Meditation zu lehren, kam ein guter Freund auf mich zu und erzählte von seinen Panikattacken, den starken Stressgefühlen und seinem hohen Blutdruck. Er konnte sich selbst nicht erklären, woher diese Symptome kamen, und selbst Ärzte waren überfragt. Der Zustand, in dem er sich befand, war sehr beängstigend, weil er das Gefühl hatte, die Kontrolle über sich selbst und seine Gesundheit zu verlieren. Kein Arzt konnte ihm helfen, und so fragte er mich, ob ich ihm zeigen könne, wie Meditation funktioniert. Wir trafen uns für die nächsten acht Wochen einmal pro Woche und meditierten gemeinsam. Die restlichen Tage meditierte er eigenständig. Tatsächlich fühlte er sich schon bald viel besser, und so wurde das Meditationsprogramm geboren, das du im Folgenden kennenlernen wirst. Es konnte seither Hunderten Menschen dabei helfen, diverse Missstände in ihrem Leben zu bewältigen. Viele von ihnen hatten gesundheitliche Beschwerden oder befanden sich in Sinnkrisen. Meditation wirkt wie ein Supervitamin, um unsere körperlichen und geistigen Blockaden zu lösen und unser volles Potenzial zu wecken. Gerade in Kombination mit ärztlicher oder psychologischer Betreuung ist sie eine absolute Wunderwaffe.

Im letzten Jahr war ich selbst Seminarleiter von zwei Meditations-Retreats mit jeweils knapp 70 Teilnehmern und konnte live miterleben, wie durch dieses Programm bei jedem Einzelnen eine tiefgreifende Transformation eingesetzt hat. Gerade die Kombination aus dynamischen und Stille-Meditationen schafft Tiefgang mit vergleichsweise geringem Aufwand. So ist es möglich, dass Neulinge oder Unerfahrene in meditative Zustände eintauchen können, für die andere jahrelange Übung benötigen. Es war atemberaubend, dabei zuzusehen, wie die Teilnehmer der Reihe nach von schweren emotionalen Bürden ablassen und die Ketten ihres Verstandes sprengen konnten. Nie werde ich vergessen, wie eine Teilnehmerin voller Bitterkeit und seelischem Schmerz den Seminarraum betrat und nur fünf Tage später – gefühlt zehn Jahre jünger geworden – voller Leichtigkeit und innerer Freiheit einem neuen Leben entgegenblickte. Und ich werde mich auch immer an eine Frau erinnern, die an Knochenkrebs litt und mit Hilfe der Meditationen dieses Programms den Mut gefasst hat, gegen ihre Erkrankung zu kämpfen und sich vertieft für ihre Heilung einzusetzen.

Sicherlich wirst auch du deine Gründe haben, wieso dir dieses Buch in die Hände gefallen ist und wieso du Meditation lernen möchtest. Sei es zur spirituellen Weiterentwicklung oder zur Selbsttherapie bestimmter Leiden. Meditation wird – so oder so – dein Leben unübersehbar positiv bereichern. Ich möchte in diesem Buch Meditation entschlüsseln, sodass auch du das Geheimnis dahinter verstehen kannst und lernst, es auf dein Leben anzuwenden. Dieses Meditationsbuch ist keine gewöhnliche Theorielektüre. Es ist ein strukturiertes Übungsprogramm, das dich auf eine Reise tief zu deinem wahren Selbst entführt.

Dabei werde ich dir sowohl Techniken aus uralter Tradition vorstellen als auch moderne dynamische Meditationen mit einbringen, die einen neuartigen und einzigartigen Zugang bieten.

Vor nicht allzu langer Zeit war ich selbst Teilnehmer an einem *Meditation Teacher Training* in Indien und erfuhr dort die Kraft, die hinter aktiven Meditationstechniken steckt, die in Kombination mit körperlicher Bewegung durchgeführt werden. Und gerade die Verbindung zwischen der traditionellen Stille-Meditation und diesen dynamischen Meditationen revolutionierte mein Meditationsprogramm.

Wenn du aus diesem Buch den optimalen Nutzen ziehen willst, solltest du es nicht einfach in wenigen Tagen von Anfang bis

Ende durchlesen und dann wieder beiseitelegen. Lass es stattdessen langsam angehen. Das Buch ist in acht Stufen unterteilt, die jeweils eine kleine inspirierende Geschichte, etwas Theoriewissen und anschließend praktische Übungsanleitungen beinhalten. Ich empfehle dir, die entsprechenden Übungen etwa eine Woche lang durchzuführen, bevor du zur nächsten Stufe fortschreitest. So lernst du, Schritt für Schritt Achtsamkeit und Meditation in deinen Lebensalltag zu integrieren und von den vielseitigen Vorteilen zu profitieren.

Wir starten direkt mit dem ersten Teil der inspirierenden Geschichte. Du wirst darin Luisa kennenlernen, die sich auf Weltreise begeben hat, und Kym, einen ungewöhnlichen Meditationslehrer, dem sie auf dieser Reise begegnet. Mit Hilfe dieser Geschichte möchte ich dir das Grundlagenwissen der Meditation vorstellen. Die Erzählung spiegelt in etwa meinen eigenen inneren Dialog wider, den ich in all den Jahren zwischen meinem Ego und meinem Higher Mind – meinem wahren Selbst – geführt habe.

10 GRÜNDE, WARUM DU MEDITIEREN SOLLTEST

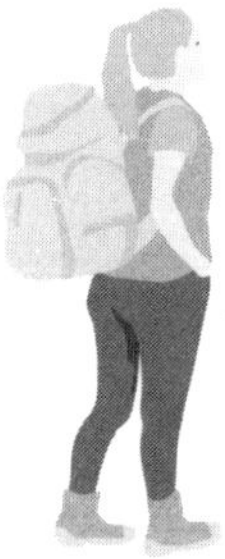

Es war ein unvergesslicher Abend: Lagerfeuer, Musik und überall tanzende Menschen um mich herum. Die Einwohner hier spielten auf Instrumenten, die ich noch nie zuvor gesehen hatte. Das Pahu war eine Art Trommel, Pūtātara ein Schneckenhorn und Nguru eine Flöte, die durch die Nase geblasen wurde. Verrückt! Wunderschön waren auch die Gesänge, vor allem die der Frauen. Wir tanzten gemeinsam den Poi und Haka. Sie luden mich auch zu ihrem köstlichen Essen ein, das sie tief vergraben mit Hilfe der Erdwärme zubereiteten – sie nennen es Hāngī. Es war definitiv die richtige Entscheidung gewesen, noch einen Abstecher nach Rotorua einzulegen und dieses Māori-Dorf bei Abend zu besuchen. Dieser Ort hatte etwas Zauberhaftes. Die Menschen hier lebten so naturverbunden und bewahrten ihre mystischen Traditionen – all das mitten in der Moderne. Das bewunderte ich sehr, war es doch genau das, wonach ich auf der Suche war. Vor drei Jahren hatte ich beschlossen, mein Leben in Deutschland hinter mir zu lassen und auf eine Selbstfindungsreise zu gehen. Die Dorfbewohner hier schienen ein sehr einfaches Leben zu führen. Ihre Häuser waren nicht besonders groß oder aufwändig erbaut. Doch sie waren reich verziert mit allen möglichen Dingen, die man in der Natur finden kann. Noch nie hatte ich so viele Holzschnitzereien und Steinskulpturen an einem Platz gesehen wie hier.

Etwas müde vom vielen Tanzen und Feiern beschloss ich, eine kleine Pause einzulegen und mir den umliegenden Wald etwas genauer anzusehen. Überall waren Pools mit heißem Quellwasser, aus denen es dampfte. Zugegeben, es hat manchmal etwas unangenehm schwefelig gerochen, aber die Flüsse in diesem Wald waren wunderschön hellblau, was noch verstärkt wurde durch das Leuchten der zahlreichen Glühwürmchen. Ich steckte mir eine Zigarette an und genoss die Ruhe abseits des Trubels. Die Sterne leuchteten so klar in dieser Nacht; sogar die Milchstraße war zu erkennen. Nicht weit weg von mir konnte ich eine riesige Statue im Meditationssitz wahrnehmen, die von hunderten Glühwürmchen umgeben und beleuchtet wurde. Ich fragte mich, was eine solch große Buddhafigur in einem traditionellen Māori-Dorf verloren hatte. In Südostasien gab es Dutzende davon, aber hier, in Neuseeland? Vor der Statue waren Kerzen und Räucherstäbchen aufgestellt. Also, dachte ich, müssten hier auch Buddhisten leben, um am Schrein zu beten. Ich ging etwas näher, erstarrte und gab einen Schreckenslaut von mir, während mir die Zigarette aus den Fingern rutschte. Einen Augenblick später musste ich über mich selbst lachen.

»Entschuldigung, ich wollte Sie nicht beim Meditieren stören. Ich dachte, Sie sind eine Buddhastatue«, stammelte ich nervös. »Schon gut, komm, setz dich doch zu mir. Nenn mich einfach Kym«, bekam ich zur Antwort. Normalerweise hätte ich Angst davor gehabt, mich einem so großen und über und über tätowierten Mann zu nähern, vor allem ganz allein in einem Wald bei Nacht. Doch irgendwie fühlte ich mich hier in der Nähe des Dorfes sicher und ließ mich auf ein Gespräch ein. Ich konnte spüren, dass wir uns sicher vieles zu erzählen haben würden. Also setzte ich mich zu ihm.

»Du bist auf der Suche nach dir selbst, richtig?«, fragte mich dieser riesige, muskulöse Māori, der sicher zwei Meter groß und beeindruckend breitschultrig war. Neben ihm kam ich mir mit meinen einssechzig wie ein Winzling vor. Ich wunderte mich sehr darüber, dass er mich gleich so direkt fragte – ohne Small Talk. »Das stimmt! Mein Leben ist bisher nicht sehr glücklich verlaufen«, antwortete ich etwas verwundert. »Ach ja! Mein Name ist übrigens Luisa.«

»Ich sehe, du bist schon lange unterwegs. Was glaubst du denn zu finden?«, fragte der Māori wieder so direkt, als ob er bereits ziemlich viel über mich wüsste.

»Das ist eine gute Frage ...«. Ich überlegte kurz: »Ich glaube, ich bin auf der Suche danach, endlich wieder glücklich zu sein. Vor drei Jahren bin ich zusammengebrochen. Das Leben in Deutschland hat mich kaputt gemacht. Seitdem bereise ich die Welt und irgendwo dort draußen – hoffe ich – werde ich finden, wonach ich suche.«

»Mhm, irgendwo dort ›draußen‹ glaubst du es finden zu können, ja? Ich finde es mutig von dir, dein altes Leben hinter dir zu lassen. Und du bist dir sicher, dass du am richtigen Ort suchst?« Er lachte amüsiert. Verspottete er mich? Nein. Ich konnte spüren, wie ernst es ihm war. Verstand er mich am Ende besser als ich mich selbst? Ich beschloss, ihm genauer auf den Zahn zu fühlen. Also fragte ich: »Und du weißt, wie ich zu mir selbst finde? Wo genau soll ich denn suchen?«

Er lächelte in sich hinein, wartete einen Moment und sagte: »Suche nicht im Außen, suche in deinem Inneren. Hast du schon einmal meditiert?«

Ich hatte es zwar immer wieder von anderen empfohlen bekommen, doch ich hielt Meditation für spirituellen Hokuspokus. Als ob es etwas bringen sollte, sich einfach hinzusetzen und darauf zu warten, dass sich das eigene Leben auf magische Weise zum Positiven veränderte. Ich wollte mir nicht einfach so lange selbst einreden, glücklich zu sein, bis ich es glaubte, obwohl ich es eigentlich nicht wirklich war. Also antwortete ich: »Ich glaube nicht, dass Meditation mir helfen kann. Weißt du, ich war Projektleiterin bei einer großen Medienagentur. Dort war keine Zeit für Meditation. Jede Minute hat dort gezählt.«

Er sah mich prüfend an und konstatierte: »Du trauerst deinem Job also noch ein bisschen hinterher.«

Ich nickte und sah plötzlich ein leises Funkeln in Kyms Augen. Er faltete die Hände. »Wusstest du, dass bereits drei Tage Meditationspraxis uns dabei helfen zu lernen, wie wir besser mit stressigen Situationen umgehen? Wenn wir nicht mehr so gestresst sind, können wir produktiver sein. Darum gibt es immer mehr Menschen in Führungspositionen, die Meditation üben.«

»Ich hatte das Thema Meditation bisher immer eher mit dem Buddhismus in Verbindung gebracht«, erwiderte ich nachdenklich.

»Meditation ist längst nicht mehr nur etwas für asketische Mönche«, erwiderte Kym. »Wir alle können davon profitieren. Hättest du das früher gewusst, hättest du nicht deinen Job aufgeben müssen.«

Sein herausfordernder Blick zwang mich zum Nachdenken. In der Tat hatte ich alles Mögliche versucht, um besser mit dem Stress zurechtzukommen. Und jetzt sollte das so einfach sein? Ein bisschen meditieren, und zack: Aller Stress ist weg. Vielleicht bei ein bisschen Stress, aber niemals bei dem Druck, den ich erlebt hatte. Ich ging zum Gegenangriff über: »Was weißt du schon über mich und meinen Job? Ich hatte nicht nur ein bisschen Stress, sondern musste sogar für ein paar Wochen in die Klink, Diagnose: Burn-out. Tut mir leid, da hilft keine Meditation.«

»Ich verstehe deine Skepsis sehr gut«, antwortete Kym. »Du musst wissen, mein Stamm hat mich zum Meditationslehrer ernannt. Seitdem habe ich die positiven Effekte der Meditation bei vielen Menschen hautnah miterleben können. Ich würde mich freuen, etwas von diesem Wissen mit dir zu teilen. Wir Māori sind dafür bekannt, dass wir modern sind, aber auch unsere Wurzeln bewahren. Auch wir merken, dass diese schnelllebige Welt etwas mit uns macht. Die ständigen Ablenkungen durch unser Smartphone und andere Medien ist auf Dauer nicht gut für unser Gehirn.«

STRESSREDUKTION

Meditation senkt nachweislich die Stressanfälligkeit der Menschen.[1] Dies lässt sich sogar über Blutproben nachweisen, denn die Menge des Stresshormons ACTH im Blut fällt in Verbindung mit einer Meditationspraxis geringer aus.[2] Ebenso können stressbelastete Teile des Gehirns und Areale, die für Konzentration und Ruhe sorgen, sich verbessern. Selbst biologische Veränderungen konnten Wissenschaftler beobachten.[3] Auch einem Burn-out kann durch Meditation vorgebeugt werden.[4] In den USA wurde während einer Studie eine Gruppe von Lehrern beobachtet. Regelmäßiges Meditieren senkte die durchschnittliche Burn-out-Quote drastisch. Die Teilnehmer fühlten sich auch hinsichtlich ihrer Leistungsfähigkeit und Stressresilienz deutlich besser. Viele Kliniken arbeiten sogar schon mit Meditation als wirksamer Therapie gegen Burn-out. Unter den Patientinnen und Patienten finden sich alle Berufsgruppen.

»Ich würde mich freuen, wenn du noch etwas mehr von deinem Wissen mit mir teilst. Was passiert denn sonst noch so, wenn ich meditiere?«, fragte ich.

»Etwas, was du relativ schnell an dir bemerken kannst, wenn du eine Meditationspraxis beginnst, ist deine verbesserte Konzentration«, antwortete Kym. »Ob man als Schüler dem Unterricht besser folgen oder als Angestellte seine Aufgaben effizienter erledigen kann, all das hängt oft von unserer Konzentrationsfähigkeit ab. Doch gerade in der heutigen Welt fällt es uns immer schwerer, unsere Konzentra tion über längere Zeit aufrechtzuerhalten. Wir sind ständig abgelenkt von Social Media und den Nachrichten aus der Welt.«

»Darin kann ich mich wiedererkennen, wenn ich an meine Zeit in Deutschland zurückdenke«, erwiderte ich. »Es fiel mir zunehmend schwer, mich nur auf eine Sache zu fokussieren und dabei zu bleiben. Außerdem hatte ich große Schwierigkeiten mit der Konzentration. Stattdessen war ich viel am Handy und habe den ganzen Tag gescrollt.«

»Ich habe den Eindruck, Meditation könnte dir guttun. Wenn es dich interessiert, dann lass mich dir die zehn wichtigsten Gründe verraten, wieso du in deinem Leben meditieren solltest.« Er freute sich sichtlich, mir mehr zu erzählen; und ich hörte gespannt zu.

KONZENTRATIONSSTEIGERUNG

Ein Experiment mit Schülern beweist, dass sich die Konzentrationsfähigkeit bei regelmäßiger Meditation selbst in ganz jungen Jahren steigern lässt.[5]

Und nicht nur das – Meditation kann sogar unsere Gedächtnisleistung verbessern. Eine wissenschaftliche Studie mit 12- bis 15-jährigen Jugendlichen ergab, dass Achtsamkeits-Meditation diese Lernprozesse signifikant unterstützen kann.[6] Es wird vermutet, dass die gesteigerte Konzentrationsfähigkeit diesen Effekt auslöst. Zudem bestätigte eine Harvard-Studie, dass die graue Substanz im Gehirn zunimmt.[7] Diese neuronale Veränderung konnte mittels Magnetresonanztomographie (MRT) nachgewiesen werden. Die grauen Zellen – wie sie auch umgangssprachlich genannt werden – verarbeiten vor allem eingehende Sinnesreize und steuern unsere Aufmerksamkeit. Bei gestressten Menschen bildet sich dieser Hirnbereich oft zurück. Bei regelmäßiger Meditationspraxis lässt sich beobachten, dass dessen Dichte sich vergrößert.

»Komm, mach es dir gemütlich.« Kym wies auf einen Stein, der ganz warm von dem kleinen, lodernden Lagerfeuer davor war. Nachdem ich mich gesetzt hatte, fuhr er fort: »Die ersten zwei Gründe habe ich dir ja bereits verraten, nämlich die Stressreduktion und die Konzentrationssteigerung. Der dritte ist die Vorbeugung und Behandlung von Depression. Depressive Menschen neigen dazu, in Grübeleien zu versinken und ihre Gedanken permanent zu bewerten. Meditation kann dem entgegenwirken, indem Gedanken einfach wahrgenommen und beobachtet werden, ohne über sie zu urteilen. So kann man einen gewissen Abstand zu ›negativen‹ Gedanken gewinnen, und man lernt, nicht sofort ungewollt darauf zu reagieren.«

»Das ist ja sehr interessant«, staunte ich. »Hätte ich das nur vorher gewusst. Auch ich litt unter depressiven Verstimmungen. Das war einer der wichtigsten Gründe, warum ich meinen Job kündigte und auf die Reise ging. Ich war jeden Tag platt und energielos. Ich hatte keine wirkliche Kontrolle mehr über mich. Viele meiner Freunde wandten sich in dieser Zeit von mir ab. Vor allem, weil ich so häufig Gefühlsausbrüche hatte. Schon die kleinsten Kleinigkeiten konnten mich zur Weißglut bringen – oder zum Weinen. Niemand wollte mehr wirklich etwas mit mir zu tun haben.«

Nach diesem Geständnis verstummte ich erst einmal. Ich konnte spüren, dass Kym mit mir fühlte. Er versuchte mich zu trösten: »Unsere Gefühle können uns manchmal ganz schön im Wege stehen. Vor allem, wenn wir keine Kontrolle über unsere Emotionen haben.«

VORBEUGUNG UND BEHANDLUNG VON DEPRESSIONEN

In vielerlei Studien hat sich herausgestellt, dass regelmäßige Meditation (vor allem Achtsamkeits-Meditation) zu einer Reduzierung von Angstgefühlen und Depressionen führen kann. Die Forscher ver-

muten, dass dieser positive Effekt mit einer veränderten Geisteshaltung zu tun hat. Depressive Menschen neigen dazu, in Grübeleien zu versinken und ihre Gedanken permanent zu bewerten. Meditation kann dem entgegenwirken, indem die Gedanken aktiv wahrgenommen und beobachtet werden, ohne dass man über sie urteilt. So entsteht eine gewisse Distanz zu den Gedanken, die zu depressiven Zuständen führen können. Wir können also die Klarheit und Kontrolle über sie behalten. Bereits nach zwei Monaten regelmäßiger Meditation konnte eine 40-prozentige Verbesserung der Symptome nachgewiesen werden, die im Zusammenhang mit einer Depression stehen. [8] Auch die Rückfallquote konnte durch Meditation reduziert werden. Interessant hierbei ist, dass die Versuchsgruppe, die meditierte, eine stärkere Verbesserung der Symptome zeigte als die Gruppe, die medikamentös behandelt wurde.[9]

»Ist die Kontrolle über unsere Emotionen der vierte Grund, weshalb wir meditieren sollten?«, fragte ich.

»Ja, genau«, erwiderte Kym, »Wenn wir keine Kontrolle über unsere Emotionen haben, kommt es häufig zu Konflikten, die unseren Lebensweg sogar richtig sabotieren können. Zudem kann das Leiden an negativen Gefühlen unserer Gesundheit zusetzen, und wir verlieren unser Mitgefühl.«

»Moment mal«, unterbrach ich ihn. »Willst du mir etwa erzählen, wir steigern unser Mitgefühl durch die Meditation? Um ehrlich zu sein, ich weiß gar nicht, ob ich das will. Oft, wenn ich Mitgefühl empfunden habe, wurde ich ganz traurig und habe das Leid der anderen Person regelrecht in mich aufgesogen.«

Kym sah mich interessiert an und fragte vorsichtig: »Ich glaube, wovon du sprichst, ist Mitleid – nicht Mitgefühl. Bei Mitleid nimmst du das Leid anderer Personen auf und leidest dadurch selbst. Das hilft weder dir noch anderen. Bei Mitgefühl zeigst du der anderen Person, dass du ihr Gefühl verstehen kannst, doch du leidest nicht selbst. Das verschafft dir die Klarheit, die du brauchst, um der anderen Person zu helfen und ihre Gefühle zu transformieren. Du kannst aber auch dir selbst Mitgefühl schenken. Das hilft dir, mehr über deine Gefühlswelt zu erfahren und Wege zu finden, mit negativen Emotionen umzugehen.«

»Das hört sich ja wirklich gut an, und ich glaube jetzt im Nachhinein, dass mir mehr Mitgefühl sicherlich auch gutgetan hätte. Aber weißt du, bei mir war das mit den Gefühlen so schlimm, dass ich zunehmend begann, mich von der Außenwelt zu isolieren. Häufig überkamen mich regelrechte Wellen von negativen Emotionen. Ich habe richtige Angstzustände gehabt. Am liebsten wollte ich das Haus gar nicht mehr verlassen, weil ich nicht einschätzen konnte, wann und wo mich diese Panik überfällt, wegen der ich mich so machtlos fühlte.« Ich kämpfte mit den Tränen, als ich von meiner Vergangenheit sprach. »Wenn ich nur daran denke, in mein normales Leben zurückzukehren, kommt Angst in mir auf. Aber eigentlich wünsche ich mir die Sesshaftigkeit zurück: ein fester Job, Mann und Kinder. Ich glaube, ich habe langsam genug von der Welt gesehen. Doch ich habe immer noch die Angst davor zurückzukehren.«

KONTROLLE ÜBER UNSERE EMOTIONEN

Wissenschaftler beobachteten sowohl das Verhalten von Menschen mit Meditationserfahrung in verschiedensten Lebenssituationen als auch das von Menschen, die nicht meditierten. Im Schnitt wurde deutlich, dass Meditierende deutlich besser mit ihren Gefühlen umgehen konnten als die Vergleichsgruppe. Sie konnten sich besser von

schlechten Gefühlen distanzieren und reagierten zudem emotional und körperlich allgemein entspannter. Dieser Effekt zeigte sich auch in den Gehirnströmen. Zudem steigert Meditation auch das Mitgefühl. Mitfühlende Menschen können sich schnell in die Situation anderer hineinversetzen und wirken sofort sympathischer. Doch nicht nur das, denn das Mitgefühl ist sogar erwiesenermaßen die Eigenschaft, die zum Glücklichsein am stärksten beiträgt. Matthieu Ricard und Mingyur Rinpoche wurden von der Wissenschaft als »Die glücklichsten Menschen der Welt« bezeichnet, weil sie unter Laborbedingungen die höchsten Glückswerte erzielten. Während sie meditierten, wurden sie auf verschiedenste Weisen vermessen und untersucht. Als sie über Mitgefühl meditierten, kam es zu den höchsten Messwerten. Die Kernspintomographieaufnahmen von Menschen, die regelmäßig eine Mitgefühls-Meditation – die sogenannte Metta-Meditation – praktizieren, waren eindeutig. Sie zeigten, dass die Gehirnregionen, die für die Wahrnehmung von Emotionen und Gefühlen genutzt werden, deutlich aktiver waren.[10]

»Treten Panikattacken und Ängste immer wieder auf, dann kann es zu so einer Angst vor der Angst kommen, wie du sie hast«, sagte Kym mitfühlend.

»Ja, so ist es bei mir, ich habe schon richtig Angst vor der Angst. Deshalb traue ich mich vieles nicht mehr«, antwortete ich mit belegter Stimme.

»Wenn du mir noch weiter zuhören magst«, erwiderte Kym sanft, »dann kann ich dir etwas darüber verraten, wie Meditation gegen die Angst wirken kann. Sie kann nämlich in der Tat außerordentlich hilfreich sein.«

»Ja, bitte fahre fort«, antwortete ich mit einem Nicken.

»Gut. Wenn wir meditieren, dann wird der Teil unseres Gehirns aktiviert, der die Sorgen und Ängste in uns kontrolliert.«

»Okay … ich verstehe so langsam, wieso immer mehr Menschen meditieren wollen. Das ist ja wirklich krass.«

BEKÄMPFUNG VON ANGST- UND PANIKATTACKEN

Eine Studie wertete nicht nur das persönliche Empfinden der Versuchsteilnehmer aus, sondern auch deren Gehirnaktivität. Die Versuchsteilnehmer fühlten sich nicht nur besser, sondern bei ihnen konnte auch eine erhöhte Aktivität des ventromedialen präfrontalen Cortex und anterioren cingulären Cortex beobachtet werden. Das sind Gehirnareale, die Sorgen und Ängste in uns kontrollieren. Die Forscher kamen zu dem Ergebnis, dass Meditation die Angst um bis zu 39 Prozent verringern kann.[11] Zudem findet eine der größten Veränderungen in der Amygdala statt, die unter anderem dafür zuständig ist, bei Stress den Kampf- oder Fluchtmechanismus auszulösen. Sie beginnt bei regelmäßiger Meditationspraxis zu schrumpfen.[12] Dies macht sich durch mehr Gelassenheit und ein klares Reaktionsvermögen in stressigen Situationen bemerkbar. Eine weitere Studie belegte sogar, dass Meditation hierbei eine bessere Wirkung erzielt als Gruppen- oder Einzel-Psychotherapie.[13]

Kym schaute mich etwas genauer an und sagte dann: »Und weißt du, wofür du Meditation noch als Wundermittel einsetzen kannst?« Ich schaute hoch zu den Sternen und antwortete: »Vielleicht beim Einschlafen?«

»Richtig!« Kym lachte. »Und nicht nur beim Einschlafen – Meditation kann sogar dabei helfen, deine Schlafstörungen zu behandeln. Wenn man regelmäßig meditiert, so wie ich, dann benötigt man sogar weniger Schlaf.«

»Das wäre ja wundervoll. Ich glaube, ich schlafe nicht wirklich sehr gut, denn ich bin immer müde, wenn ich aufwache. Es dauert immer eine halbe Ewigkeit, um aus dem Bett zu kommen. Damals, in meiner schwierigen Zeit, hatte ich starke Schlafprobleme. Ich habe manchmal Stunden gebraucht, um einzuschlafen, weil sich meine Gedanken so stark im Kreis gedreht haben. Es gab sogar Nächte, in denen ich kein Auge zubekam. Zum Glück ist das inzwischen besser geworden. Doch jetzt habe ich ein anderes Problem: Ich komme morgens kaum mehr aus den Federn. Wenn der Wecker klingelt, drücke ich ihn immer weg.«

»Ich kann dir versprechen, dass es noch viel besser wird, wenn du mal selbst meditierst. Weißt du, es hilft dir dabei, dein Gedankenkarussell willentlich zum Stillstand zu bringen und absichtlich loszulassen, um in die Tiefschlafphasen zu kommen, die du so dringend brauchst.«

SCHLAFSTÖRUNGEN BEHANDELN

Meditation wurde erfolgreich in Studien angewandt, um Schlafstörungen zu behandeln.[14] Dabei stellte sich nicht nur heraus, dass sich der Schlaf im Allgemeinen verbesserte, sondern dass auch Müdigkeit und Niedergeschlagenheit am Tag deutlich abnahmen. In einer weiteren Studie wurde nachgewiesen, dass regelmäßig Meditierende weniger Schlaf benötigen, ohne dass ihre psychische und physische Wachheit in irgendeiner Weise eingeschränkt wird.[15]

Kym atmete tief ein, schloss seine Augen und erzählte weiter: »Es gibt da eine faszinierende Geschichte. Der Neurowissenschaftler Joe Dispenza erlitt während eines Triathlons durch einen schweren Unfall diverse Wirbelbrüche. Auf Empfehlung verschiedenster Fachärzte entschied er sich gegen eine überaus riskante und komplizierte Operation, die als einzige Möglichkeit galt, seine Wirbelsäule wiederherzustellen. Während er im Krankenbett lag, praktizierte er tiefe Meditationstechniken und visualisierte dabei seine Zukunft in perfekter Gesundheit. Anders als die Ärzte war er der vollen Überzeugung, dass sein Körper wieder komplett ausheilen würde. Die Kraft der Meditation half ihm dabei, seine Selbstheilungskräfte zu aktivieren. Er hat gelernt, den Placeboeffekt bewusst einzusetzen.«

Ich staunte: »Das ist ja unglaublich!«

»Als ich die Geschichte das erste Mal hörte, dachte ich das auch. Mittlerweile habe ich zunehmend miterleben können, welche Selbstheilungskräfte die Meditation freisetzen kann. Es ist wirklich faszinierend«, sagte Kym mit leuchtenden Augen.

»Und wieso wird dann nicht viel mehr mit Meditation gearbeitet?«

»Das wird es, Luisa. Aber es braucht seine Zeit, bis das in der Gesellschaft ankommt. In den letzten zehn Jahren ist allerdings richtig viel passiert.«

SELBSTHEILUNGSKRÄFTE AKTIVIEREN

Es gibt zahlreiche Berichte von psychosomatischen Heilungen in Zusammenhang mit der Meditation. Eine berühmte Studie wurde von dem Chirurgen Bruce Moseley bei Menschen mit Kniearthrose durchgeführt. Eine Gruppe wurde tatsächlich am Knie operiert, während die Kontrollgruppe lediglich einer Schein-OP unterzogen wurde. Die Haut am Knie wurde zwar aufgeschnitten, jedoch wurde am Knie

selbst kein Eingriff unternommen. Lediglich die Narbe, Narkose und auch ein Fake-Video der OP brachten die Patienten in den Glauben, tatsächlich operiert worden zu sein. Bei den Patienten der Placebo-Gruppe waren überraschenderweise die gleichen Ergebnisse zu beobachten wie bei den Patienten der Versuchsgruppe, bei denen tatsächlich ein operativer Eingriff vorgenommen wurde.

»Lass mich dir die für mich wertvollste Erkenntnis über die Meditation mitteilen.« Kym wartete, bis ich bereit war. Anscheinend kam nun der Höhepunkt seiner Erzählung. Ich nickte und signalisierte ihm, dass er meine volle Aufmerksamkeit hatte.

»In den letzten Jahren tauchten vermehrt Indizien dafür auf, dass Meditation bestimmte Krankheiten oder zumindest deren Symptome eindämmen kann.«

Das klang fast wie Magie. Nun spürte ich ganz deutlich, dass ich wissen wollte, wie Meditation funktionierte. Innerlich entschloss ich mich, meditieren zu lernen. Immerhin wollte ich schon lange etwas für meine Gesundheit tun. Und das, was Kym erzählte, überzeugte mich.

KRANKHEITEN HEILEN

Zu den Krankheitssymptomen, die durch Meditation eingedämmt werden konnten, zählt unter anderem das Reizdarmsyndrom. Bei ihm lässt sich eine Verbesserung des Symptombildes um bis zu 38 Prozent erreichen.[16] Auch bei Kopfschmerzen, Migräne, Rückenschmerzen und allgemeiner Schmerzbehandlung konnten durch Meditation gute Erfolge erzielt werden.[17] Beachtlich sind auch die Resultate bei

Herz- und Kreislauferkrankungen, bei denen nachgewiesen werden konnte, dass in der Meditationsgruppe eine 48-prozentige Reduktion des Risikos für Herzinfarkte, Schlaganfälle und Sterblichkeit stattfand.[18] Auch das Risiko für Arteriosklerose konnte durch Meditation gesenkt werden.[19] In einer weiteren Studie wurde nachgewiesen, dass Menschen, die unter Bluthochdruck litten, mittels regelmäßiger Meditationspraxis diesen senken und die Einnahme von Medikamenten reduzieren konnten.[20] Die wohl beeindruckendste Studie zum Thema Meditation und Krankheiten betrifft aber den Krebs. Therapie-Begleitsysteme mit Meditationstechniken helfen dabei, in schwierigen Situationen während der Krebstherapie in einem relativ positiven und entspannten Zustand verweilen zu können. So lässt sich den Nebenwirkungen der Behandlung entgegenwirken und Heilungsprozesse werden erleichtert.[21]

Mit einem Anflug von Stolz fuhr Kym fort: »Wusstest du, dass ich seit bestimmt zehn Jahren keine Erkältung mehr hatte?«

Beeindruckt erwiderte ich: »Ich kenne auch zu Hause ein paar Leute, die scheinbar nie erkältet sind. Ich hingegen kann gar nicht mehr zählen, wie oft ich in den letzten Jahren Schnupfen und Fieber hatte.«

DAS IMMUNSYSTEM STÄRKEN

Wissenschaftler haben nachgewiesen, dass Meditation das Immunsystem stärken kann. Sie untersuchten Meditierende während der kühlen Jahreszeit. Im Vergleich zur Vergleichsgruppe litten sie signifikant weniger häufig an Erkältungen und grippalen Infekten. Steckten sie sich doch einmal an, verlief die Erkrankung weniger schwer und die Symptome ließen schneller nach.[22] In einer weiteren Studie wurde den Teilnehmern Blut abgenommen.[23] Die Untersuchung ergab, dass die zellauflösende Aktivität der natürlichen Killerzellen zunahm. Dies signalisiert eine deutlich verbesserte Immunabwehr. Diverse Meditationstechniken wie die Wim-Hof-Meditationstechnik und die Kirtan-Kriya-Meditation konnten in wissenschaftlichen Studien entzündungshemmende Vorgänge im Blutkreislauf positiv beeinflussen.[24] Besonders die Reduktion des Entzündungsmarkers des C-reaktiven Proteins konnte festgestellt werden.[25]

»Ein stärkeres Immunsystem würde ich mir sehr wünschen. Doch auch wenn ich nicht gerade krank bin, ist meine Nase trotzdem ein bisschen zu – und dieser Husten am Morgen … Na ja, vielleicht kommt er auch eher hiervon …« Ich holte meine Zigarettenschachtel hervor und schämte mich fast schon dafür, mir jetzt vor Kyms Augen eine Zigarette anzustecken.

Der große Māori merkte, dass es mir unangenehm war. »Du hast schon mehrmals probiert aufzuhören, richtig? Ich will ja nicht penetrant sein, aber Meditation kann auch dabei helfen.«

»Gibt es denn irgendwas, wogegen Meditation nicht hilft?«, fragte ich lachend und schaute Kym herausfordernd an. Aber er schmunzelte nur kurz und fuhr dann unbeirrt fort: »Meditation kann dazu beitragen, Süchte und Abhängigkeiten zu verringern. Die Nikotinabhängigkeit ist weltweit die häufigste Sucht. Danach folgen Kaufsucht, Internet- und Smartphonesucht und Alkoholabhängigkeit. Weiter hinten liegen die Medikamentensucht, Bulimie, Sex-, Drogen- und Spielsucht. Sicherlich kennst du das, dass du deinen zwanghaften Gedanken unterworfen bist, die dich immer weiter in die Abhängigkeit ziehen. Wenn du deine Gedanken befreien und deine Sucht in den Griff bekommen möchtest, solltest du unbedingt das Meditieren lernen. Übrigens kann Meditation auch dein Essverhalten stabilisieren und somit eine gesunde Ernährung begleitend unterstützen. Du hast es auch schon häufiger mit einer Diät versucht, stimmt's?«

Peinlich berührt begann ich über meine mangelnde Selbstbeherrschung zu jammern und mein Verhalten zu rechtfertigen: »Es fällt mir wirklich schwer, mich selbst zu kontrollieren. Ich glaube, ich habe meinem Körper sowieso schon genug Schaden zugefügt. Meine Partyexzesse in der Studienzeit, der viele Alkohol ... Seit über zehn Jahren ziehe ich schon an diesen nutzlosen Glimmstängeln. Der Stress bei der Arbeit, das Burn-out, die Depressionen ... Und ja, mein Essverhalten während meiner Reise ist auch nicht gerade das beste. Sicher habe ich schon viel von meiner Lebenserwartung verloren.«

Kym lachte und begann mich zu trösten: »Lass mich dir helfen, Luisa! Es ist wirklich ganz einfach, wenn du weißt, wie es geht. Wenn dich jetzt der letzte dieser zehn Gründe nicht überzeugt, dann lass Meditation für immer bleiben. Einverstanden?«

Ohne zu zögern, antwortete ich: »Okay, einverstanden!«

SÜCHTE UND NEGATIVE ANGEWOHNHEITEN BEKÄMPFEN

Bei einer Studie, in der Meditation in Bezug auf die Selbstkontrolle getestet wurde, konnte als verblüffender Nebeneffekt beobachtet werden, dass diejenigen Versuchspersonen, die Raucher waren, ihren Tabakkonsum um bis zu 60 Prozent senkten.[26] Dieses Ergebnis kam zustande, obwohl bei der Studie vom Rauchen gar nicht die Rede war. Nicht nur bei Alkoholabhängigen, sondern auch anderen Dro-

genabhängigen konnten weitgehend gute Resultate erzielt werden. [27] Die Meditation erweist sich somit als sechsmal effektiver als herkömmliche Präventionsmethoden und andere psychotherapeutische Behandlungsstrategien.[28] Auch unser Essverhalten ist direkt von unserer Selbstkontrolle abhängig. Forscher aus den Niederlanden fanden heraus, dass Meditation und Yoga dabei helfen, besser wahrzunehmen, ob man isst, weil man Hunger hat oder weil man einfach nur Lust auf Essen verspürt.[29]

»Dann halt dich jetzt fest, denn Meditation wird dir dabei helfen, deine verlorenen Jahre wiederzubekommen! Regelmäßige Praxis kann nämlich das Level deiner Stresshormone senken. Das geht so weit, dass der Alterungsprozess in unserem ganzen Körper zurückgefahren werden kann. Ist das nicht verrückt, Luisa? Meditation wirkt sogar auf der Zellebene!«

In der Tat, es war sehr beeindruckend.

»Es geht noch weiter. Meditation kann auch unsere Genetik positiv beeinflussen, sodass sich unser Immunsystem verbessert und entzündungsfördernde Gene stummgeschaltet werden. Auch der Alterungsprozess des Gehirns wird durch Meditation verlangsamt. Was sagst du, Luisa? Möchtest du die Kunst der Meditation erlernen?«

Für mich stand die Antwort fest, auch meine letzten Zweifel waren nun beseitigt. »Kym, bitte bring es mir bei! Ich möchte deine Schülerin sein, ganz egal, was mich erwartet.« Der Māori grinste über beide Ohren: »Haha! Das hättest du nicht laut sagen sollen. Das Training beginnt für dich morgen früh um fünf Uhr und dauert die nächsten acht Wochen.« Ich schluckte. Worauf hatte ich mich da wieder eingelassen?

ALTERUNGSPROZESSE VERLANGSAMEN

Stresshormone wie Cortisol können eine schädliche Wirkung auf die Körperzellen und deren Erbgut haben. Cortisol begünstigt die Verkürzung der Telomere, welche die Chromosomen an ihren Enden schützen. Das kann das Risiko für bestimmte Erkrankungen erhöhen und Alterungsprozesse beschleunigen. Telomere sind an den Enden der Chromosomen zu finden. Sie schützen das Erbgut – man kann sie mit den Plastikkappen an den Enden von Schnürsenkeln vergleichen. Das Protein Telomerase hilft dabei, dem Abnutzungsprozess der Telomere im Zellkern entgegenzuwirken. Bei Meditierenden war der Wert der Telomerase um bis zu 30 Prozent erhöht.[30] Weitere Studien belegen, dass Meditation größere Einflüsse auf die Genetik nehmen kann und in der Lage ist, diese positiv zu verändern.[31] So können Gene aktiviert werden, die die Immunfunktion, den Energiestoffwechsel oder die Insulinausschüttung verbessern. Im Gegenzug können auch Gene deaktiviert werden, die entzündungsfördernd wirken.[32] In verschiedenen Studien konnte nachgewiesen werden, dass regelmäßiges Meditieren den Alterungsprozess des Gehirns verlangsamen kann. [33] Dazu wurde im MRT die Informationsübertragung verschiedener Hirnregionen untersucht. Weiterhin konnte man Erkenntnisse darüber gewinnen, dass das geschätzte Gehirnalter von Meditierenden geringer ausfiel als ihr tatsächliches Alter. In einer Studie wurde diesbezüglich ein Computerprogramm genutzt, welches mittels Hirnscans das Gehirn analysiert und ein mathematisches Alter bestimmt.[34] 50-Jährige mit langjähriger Meditationserfahrung besaßen im Schnitt ein über sieben Jahre jüngeres Gehirn – bei älteren Probanden war der Unterschied sogar noch größer.

BIST DU BEREIT FÜR LEVEL 1?

Wenn du meditieren lernen möchtest, dann solltest du fest dazu entschlossen sein. Es braucht seine Zeit, um feste Routinen aufzubauen und die ersten positiven Effekte zu spüren. Wer allerdings durchhält, wird mit all den Vorteilen belohnt, die Meditation mit sich bringt. Dieses Buch dient dir als wertvoller Begleiter eines effektiven Meditationstrainings. Doch das Training kann nur wirklich Früchte tragen, wenn du dich auch innerlich dazu verpflichtest, dieses Training für die nächsten Wochen konsequent durchzuziehen und täglich zu meditieren. Schließe deshalb mit dir selbst eine Verpflichtungserklärung ab: Erlaube dir erst dann umzublättern und weiterzulesen, wenn du für eine Minute die Augen geschlossen und innerlich den Entschluss gefasst hast, das Training zu absolvieren. Lass uns dann mit der ersten Lektion beginnen.

STUFE 1

DIE ATMUNG

DIE 10 GOLDENEN REGELN DER MEDITATION

»Als Anfängerin wirst du dir oft die Frage stellen, ob du alles richtig machst. Deswegen möchte ich dir in unserer ersten Trainingslektion die 10 goldenen Regeln der Meditation vorstellen.«

Ich versuchte Kym zuzuhören, kämpfte aber noch damit, meine Augen offenzuhalten. Fünf Uhr morgens war definitiv nicht meine Zeit. Doch ihm schien die frühe Stunde nichts auszumachen. Er redete wieder wie ein Wasserfall und erzählte von all den wissenschaftlichen Erkenntnissen über den Nutzen der Meditation. Wie konnte man sich eigentlich so viele davon merken?

»Man kann erst von den vielen Vorteilen der Meditation profitieren, wenn man sie auch korrekt ausführt. Darum sind die Dinge, die ich dir jetzt erkläre, ziemlich wichtig. Du musst nicht alles von heute auf morgen komplett umsetzen. Lass diese Ratschläge mit der Zeit in deine Praxis einfließen.«

#1 DIE RICHTIGE KÖRPERHALTUNG

»Zum Meditieren eignen sich unterschiedliche Haltungen. Klassisch ist das Sitzen mit geradem Rücken ohne Sitzlehne. Dies hat den Vorteil, dass man eine Haltung zwischen An- und Entspannung einnimmt. So kannst du deine Konzentration leichter aufrechterhalten und plötzlicher Müdigkeit entgegenwirken. Wenn du magst, probier das gleich mal aus – ich merke, dass du noch ziemlich müde bist.«

Ich musste grinsen und setzte mich aufrecht und würdevoll hin.

»Wir meditieren nur in wenigen Ausnahmefällen im Liegen. Denn das ist die schwierigste Meditationspose. Durch die hohe Entspannung ist dabei die Wahrscheinlichkeit sehr hoch, dass man einschläft.

»Okay, also ist es nicht erwünscht, beim Meditieren einzuschlafen, richtig? Dann ist es also besser, so zu sitzen wie der Buddha?«

»Der Schneider- oder Lotussitz ist nur eine der möglichen Sitzhaltungen. Manche machen auch den halben Lotussitz. Probier mal aus, was für dich am besten passt.«

Ich verknotete meine Beine und kommentierte: »Boah, also angenehm ist das nicht wirklich.«

»Wenn du bei diesen Sitzhaltungen starke Schmerzen in den Beinen oder im Rücken verspürst, solltest du ein Meditationskissen als Hilfsmittel verwenden. Oder du nimmst das hier.« Kym brachte mir ein schön verziertes Holzbänkchen. Ich setzte mich darauf. »Oh ja! Das ist schon sehr viel besser.«

»Die Kniegelenke müssen auf Höhe der Hüfte sein. Besser noch darunter. Dann kann dein unterer Rücken gestreckt bleiben. Alles andere ist unangenehm und ungesund für deinen Körper. Meditation bedeutet nicht, dass du dich quälen musst. Nicht jeder besitzt die gleiche körperliche Flexibilität. Kennst du auch diese Sitzhaltung?« Er kniete sich hin und setzte sich auf seine Fersen. »Das ist der Seiza-Sitz. So kannst du auch ohne Hilfsmittel deinen Rücken bei langen Meditationssitzungen stets gerade halten. Egal, welcher Sitz dein Favorit ist, nach einer Weile wird jeder Sitz unangenehm – vor allem für Anfänger. Deshalb solltest du sie dir alle merken und auch keine Scheu davor haben, während der Meditation die Sitzhaltung zu wechseln.«

Ich war verwundert: »Und das darf man beim Meditieren? Ich dachte immer, man darf sich beim Meditieren nicht bewegen. So sieht das zumindest immer auf den Bildern oder Videos aus.«

Der Māori musste lachen. »Du wirst noch herausfinden, was Meditation wirklich bedeutet. Es bedeutet jedenfalls nicht, seine Schmerzen so lange wie möglich auszuhalten.«

Ich war etwas verwirrt und fragte: »Auf was kommt es bei der Meditation denn dann an?«

»Es ist völlig in Ordnung, wenn du während der Meditation den aufkommenden Schmerz erst mal achtsam beobachtest. Erforsche dabei ganz genau, welche Gefühle oder Gedanken bei dir aufkommen. Wenn der Schmerz groß genug wird, solltest du ganz achtsam die Sitzhaltung ändern. Nimm dabei jede Bewegung achtsam wahr, sodass sie selbst zum Teil der Meditationsübung wird. Verstanden?« Ich nickte. »Dann kommen wir zum nächsten Punkt.«

#2 DER RICHTIGE UMGANG MIT GEDANKEN

»Bereits bei deiner ersten Meditation wirst du schnell feststellen, dass es gar nicht so einfach ist, mit den Gedanken bei der Übung zu bleiben. Sie lenken deine Aufmerksamkeit auf sich wie ein starker Magnet. Ein kurzer Augenblick der Unachtsamkeit reicht aus, und deine Gedanken beginnen abzuschweifen und sich mit etwas anderem zu beschäftigen. Lass es uns gleich mal ausprobieren. Schließe deine

Augen.« Ich folgte Kyms Anweisungen und versuchte, mich nur auf meinen Atem zu fokussieren. Das klappte – doch nur für ein paar Sekunden. Tatsächlich waren meine Gedanken so laut, dass ich sie nicht einfach abdrehen konnte. »Wow, das ist ja superschwierig! Und du kannst deine Gedanken zum Stillstand bringen?«

»Luisa, kannst du dein Herz dazu bringen, dass es aufhört zu schlagen? Kannst du die Funktion deiner Leber stoppen? Kannst du verhindern, dass deine Haare oder Fingernägel wachsen? Nein? Mit dem Gehirn ist es genau dasselbe. Es lässt sich nicht ausschalten. Es ist ein Organ wie jedes andere auch. Darum ist es vollkommen normal, dass wir Gedanken haben, und es geht auch nicht darum, sie loszuwerden. Es geht darum, sie zu beobachten, ohne sich in ihnen zu verlieren. Und selbst wenn du hin und wieder ins Gedankenkarussell fällst, ist das absolut in Ordnung. Das passiert selbst den erfahrensten Meditationslehrern. Es ist sogar *notwendig*, damit du lernst, deine Achtsamkeit zu schulen. Nur wenn du immer wieder ganz geduldig deine Aufmerksamkeit zur Meditation zurücklenkst, kannst du die Dauer der Ablenkungen so weit reduzieren, bis du die Achtsamkeit kontinuierlich aufrechterhalten kannst. Das ist auch Ziel des gesamten Meditationstrainings. Vergiss nie: Der Moment, in dem du erkennst, dass sich deine Gedanken auf Wanderschaft begeben, ist ein Moment des Erwachens und der Bewusstwerdung. Der Kern der Meditationspraxis liegt darin, immer wieder von Neuem zu erkennen, wo sich dein Fokus gerade befindet und diesen dann achtsam wieder zur Meditationsübung zurückzuführen.«

»Aha! Ich glaube, ich verstehe … Es geht also nicht darum, so lange zu meditieren, bis keine Gedanken mehr da sind, sondern darum, alles bewusst wahrzunehmen. Doch was mache ich, wenn ich mich wieder in meinen Gedanken verliere?«, wollte ich wissen.

»Deine Atmung kann dir dabei als Anker dienen. Mache deine Atmung zum Mittelpunkt deiner Aufmerksamkeit. Alle weiteren Eindrücke sollen eher am Rand deines Achtsamkeitsfeldes bleiben. Es ist nicht das Ziel, alle Gedanken während der Meditation aufzulösen, sondern sie so zu akzeptieren, wie sie sind. Nimm sie also im Peripheren wahr, aber lasse sie nicht in das Zentrum. An manchen Tagen mögen deine Gedanken wie ein stiller Ozean sein. An anderen Tagen können sie hohe Wellen schlagen und dich permanent von der Meditation ablenken. Die Kunst besteht darin zu beobachten, wie sich deine Gedanken verhalten, und sie bedingungslos zu akzeptieren. Sei bei der Meditation die Beobachterin deiner Gedanken. Ist das verständlich?« In der Tat war das eine wichtige Erkenntnis. »Ja, Meister! Kapiert.« Kym nickte zufrieden und kam zum nächsten Punkt.

#3 DIE RICHTIGE ATMUNG

»Die Atmung spielt bei der Meditation eine bedeutende Rolle. Nicht ohne Grund wählt man die Atmung als Objekt der Achtsamkeit, da der Atem immer und überall zur Verfügung steht. Weiterhin symbolisiert das Ein- und Ausatmen das Prinzip Rhythmus. Dieses besagt, dass jeder Vorgang in unserem Leben durch ein Auf und Ab geprägt ist. Umso wichtiger ist es, dass man beim Meditieren die Atmung richtig einsetzt, damit der Effekt der Meditation verstärkt wird. Eine gleichmäßige Atmung kann dafür sorgen, dass du leichter in den Zustand der Trance fällst und diesen auch länger aufrechterhalten kannst. Dabei ist es hilfreich, eine ruhige, langsame und tiefe Atmung zu wählen. Das hat den entscheidenden Vorteil, dass dadurch die Entspannung gefördert, die Aktivität der Muskelzellen heruntergefahren und geistige Ruhe eingeleitet wird.«

»Und wie genau soll ich atmen? Können wir das zusammen machen?«

Er willigte ein, ich schloss meine Augen und er leitete mich an:

»Nutze die Bauch- bzw. Zwerchfellatmung, da dies die natürlichste Form der Atmung ist. Sie wirkt sehr entspannend, weil dabei die inneren Organe massiert werden. Versuche aber nicht, jeden Atemzug zwanghaft zu kontrollieren. Versuche den Atem einfach fließen zu lassen. Lass den Prozess unbewusst ablaufen. Wenn du deinen Atem ganz achtsam beobachtest, wirst du ganz automatisch der richtigen Atmung folgen. Beobachte einfach die Dauer der Ein- und Ausatmung und auch die Pausen, die dazwischen liegen. Wenn du jeder Phase deine volle Aufmerksamkeit schenkst, wird sich die Dauer jedes Atemzuges gleichmäßig anpassen.« Er ließ mich in meinen Atemrhythmus finden, korrigierte mich gelegentlich und stellte mir anschließend die nächste Regel vor.

#4 DIE RICHTIGE DAUER, ZEIT UND HÄUFIGKEIT

»Bei diesem Punkt scheiden sich die Geister. Viele sehen sich mit anderen Meditierenden im Konkurrenzkampf, weil sie häufiger, länger und besser meditieren wollen als andere. Diese Einstellung hat aber rein gar nichts mit Meditation zu tun. Es ist lediglich das Ego, das sich unter dem spirituellen Deckmantel versteckt.«

»Das Ego im spirituellen Deckmantel? Kannst du mir mehr darüber erzählen?«, fragte ich neugierig.

»Ja, aber lass uns darauf später zu sprechen kommen. Wir werden uns sogar eine ganze Woche mit diesem Thema beschäftigen. Im Moment ist das Wichtigste, regelmäßig am Ball zu bleiben. Du solltest deine Meditationsübungen in deinen täglichen Alltag integrieren. Das gilt besonders dann, wenn du wieder nach Deutschland zurückkehrst. Nur so können sich die Vorteile der Meditation auch wirklich entfalten. Wer hin und wieder mal meditiert, wird dabei nur wenig Erfolg haben. Richte dir deshalb einen Zeitraum ein, in dem du jeden Tag meditieren kannst. Deine Meditationszeit sollte eine hohe Priorität bekommen und fest in deinen Alltag eingeplant werden. Ich weiß, unser Terminkalender ist so schon voll genug, und vielleicht mag es zu Beginn den Anschein erwecken, dass du wertvolle Zeit verlierst. Doch lass dich davon nicht beirren. Die Zeit, die du beim Meditieren investierst, wird sich im Laufe des Tages zurückzahlen. Du wirst deine Aufgaben schneller und effizienter erledigen können und sogar noch mehr wertvolle Zeit gewinnen, in der du sonst einfach nur rumtrödeln oder mit dem Einschlafen kämpfen würdest.«

»Okay, okay. Ich verstehe, jeden Tag meditieren ... Das krieg ich schon hin. Aber soll ich lieber morgens, mittags oder abends meditieren?«

»Die perfekte Tageszeit gibt es nicht. Hier sollte jeder für sich entscheiden, wann die Meditation besser unterzubringen ist. Tibetische Mönche beginnen ihre Meditation bereits am frühen Morgen, weil sie meinen, dass man sich direkt nach dem Schlaf im bestmöglichen Zustand befindet. Und in der Tat haben die meisten Menschen die besten Erfolge, wenn sie direkt nach dem Aufstehen meditieren, noch bevor sie in den Tag starten. Deswegen werden wir uns die nächsten Tage auch immer so früh treffen.«

»Oje ... das fällt mir noch etwas schwer. Wie lange werden wir immer meditieren?«

»Auch hier hat jeder so seine eigene Ansicht. Es muss nicht gleich zu Anfang möglichst lange sein. Eine kurze Meditation, der du mit voller Achtsamkeit begegnest, ist so viel mehr wert als eine Meditation, in der du Stunden verbringst und kaum bei der Sache bist. Lieber gibst du 100 Prozent in 10 Prozent der Zeit als umgekehrt. Wir werden mit 10 bis 20 Minuten beginnen. Wenn du fortgeschritten bist, kannst du deine Meditationssitzungen auch gerne ausdehnen.«

#5 AKZEPTIERE ALLES, WAS DA IST

»Eine sehr wichtige Eigenschaft, die man fürs Meditieren braucht, ist die Fähigkeit loszulassen. Egal, ob es darum geht, welche Gedanken in dir entstehen, welche Gefühle du empfindest oder welchen Schmerz du gerade verspürst. Wenn du deine Gefühle und Gedanken in vollem Umfang akzeptieren kannst, öffnest du deinen Geist für alle Facetten des Lebens. So kannst du deine Achtsamkeit weiter ausdehnen und dich öffnen, anstatt dich vor wichtigen Erfahrungen zu verschließen.«

Ich verstand nicht so ganz, worauf Kym hinauswollte, und hakte hier nach: »Warum denn das? Wieso soll ich mich absichtlich auf die negativen Dinge fokussieren? Gerade die will ich ja weghaben!«

»Wir müssen lernen, auch die scheinbar negativen Dinge im Leben zu akzeptieren. Erst dann können wir sie loslassen. Wir müssen begreifen, dass auch unangenehme Erfahrungen zu unserem Leben dazugehören. Du darfst lernen, diese Erfahrungen in vollem Umfang zu akzeptieren und anzunehmen. Versteh mich an dieser Stelle bitte nicht falsch. Annehmen und Hinnehmen sind zwei Paar Schuhe. Der Unterschied besteht darin, die Vergangenheit zu akzeptieren und es in der Zukunft besser machen zu wollen. Verstehst du?«

Ich runzelte die Stirn und entgegnete: »Das klingt anspruchsvoll. Wie schaffe ich es, das umzusetzen?«

»Ganz einfach: Sei auch dankbar für die falschen Entscheidungen oder schlechten Erfahrungen, und sei dir bewusst, dass du aus ihnen lernst und durch sie zu deinem wahren Selbst findest. Viele negative Erfahrungen sind sehr wichtig, um transformierende Prozesse anzustoßen und um dich persönlich weiterzuentwickeln.«

#6 WACH BLEIBEN

»Du hast schon gesagt, Luisa, dass es dir speziell frühmorgens schwerfällt wach zu bleiben.«

»Ja, das stimmt, ich bin eher ein Nachtmensch, der abends zur Hochform aufläuft.«

»Viele Neueinsteiger verbinden Meditation gerne mit einem kleinen Mittagsschlaf. Es ist aber total kontraproduktiv zu meditieren, wenn du müde bist, vor allem, wenn du dabei tatsächlich einschläfst. Wir wollen bei der Meditation ja unsere Achtsamkeit und Konzentrationsfähigkeit trainieren, um unser Bewusstsein zu schärfen. Durch die Meditationspraxis wollen wir bewusster werden. Wenn wir aber einschlafen, passiert genau das Gegenteil: Unsere Prozesse laufen weitgehend unbewusst ab. Deshalb sollte man Schlaf und Meditation nicht unbedingt verbinden – jedenfalls nicht als Anfänger. Falls du beim Meditieren oft müde wirst, solltest du unbedingt im Sitzen oder Stehen meditieren. Positionen im Liegen oder angelehntes Sitzen machen oft sehr schläfrig. Es ist auch sehr empfehlenswert, zu den Uhrzeiten zu meditieren, in denen du keine Müdigkeitsphase hast. Andernfalls wird deine Meditation sehr uneffektiv, langwierig und unangenehm.« Er sah mich streng an.

»Okay, okay, ich habe verstanden. Ich werde beim Meditieren nicht einschlafen«, versicherte ich hastig. Mir wurde klar, dass das keine einfache Sache für mich werden würde.

Kym kam zum nächsten Punkt.

#7 DIE ACHTSAMKEIT AUSDEHNEN

»Die Achtsamkeit ist der Schlüssel der Meditationsübung und gleichzeitig das wichtigste Instrument. Während des Meditierens empfiehlt es sich, das Feld der Achtsamkeit maximal auszudehnen. Dabei kannst du deine Wahrnehmung so weit wie möglich ausdehnen und versuchen, so viele Eindrücke wie nur möglich in dieses Feld hereinzulassen.«

»Hm, ich dachte immer, Meditation wäre genau das Gegenteil: absolute Leere und einfach nur das Nichts.« Kym lachte. »Du hast Recht, Luisa, und genau das werden wir auch in der achten Woche unseres Trainings machen. Doch Meditation bedeutet nicht, alles um uns herum auszublenden, bis nichts mehr übrig ist. Meditation bedeutet, alles in uns hineinzulassen, und nicht, alles loszuwerden. Es geht darum, Alles zu werden, anstatt Nichts zu sein. Es ist also der falsche Weg, wenn du versuchst, dich vor bestimmten Eindrücken zu verschließen. Schärfe deine Sinne und sei offen für alles, was ist. Lass alles zu und heiße es in deiner Wahrnehmung willkommen. Damit sind wir auch schon beim nächsten Punkt.«

#8 ERWARTUNGSHALTUNGEN LOSLASSEN

»Warte nicht auf etwas Besonderes, das beim Meditieren passieren soll, denn dann wird auch nichts passieren. Es ist falsch zu glauben, dass beim Meditieren eine Art spirituelle Erfahrung geschehen muss. Versuche nicht, jedes plötzliche Kribbeln, Glücksgefühle oder sonstige Eindrücke zu analysieren und darauf zu hoffen, dass etwas Geistreiches passiert.«

»Okay, das passt zu dem, was du vorher erwähnt hast. Einfach beobachten und nicht in den eigenen Gedanken oder Gefühlen versinken.«

»Ganz genau, Luisa! Wenn du versuchst, diese Eindrücke zu erzwingen, wirst du sie nicht erfahren können. Nur wenn du in der Lage bist, dich für das zu öffnen, was im gegenwärtigen Moment ist, und das intensiv wahrnimmst, was gerade existent ist, wirst du tief in die Meditation einsteigen können. Wichtig ist also, nichts zu erwarten, sondern dich einfach überraschen zu lassen von dem, was in der Meditation passieren wird.«

#9 FEHLSCHLÄGE ZULASSEN

»Stell dir vor, du sitzt in deiner Meditationshaltung und stellst dir permanent Fragen wie: ›Ist es richtig, wie ich atme?‹, ›Darf ich überhaupt an das denken, woran ich gerade denke?‹, ›Ist es richtig, wie ich sitze?‹. All diese Fragen führen schnell dazu, dass du nicht in die Meditation einsteigen kannst. Wenn du diese Grübeleien loslassen kannst, gibt es eigentlich kaum noch etwas, was du beim Meditieren falsch machen kannst. Solange du während der Meditation deine Achtsamkeit ausdehnst und dir völlig bewusst darüber bist, was gerade im gegenwärtigen Moment da ist, bist du auf dem richtigen Weg. Vergiss auch nicht, dass es wichtig ist, aus deinen Fehlern zu lernen. Viele Anfänger trauen sich nicht, sich hinzusetzen und zu meditieren, weil sie glauben, sie machten etwas falsch. Lass es nicht dazu kommen. Sammle Erfahrungen, auch wenn du zu Beginn viele Fehler machst. Es gibt keine schlechte Meditation in diesem Sinne. Die einzig schlechte Meditation ist die Meditation, die du nicht machst.«

»Ich glaube, ich verstehe jetzt ganz gut, was Meditation eigentlich ist. Es ist wirklich ganz anders, als ich immer dachte. Ich freue mich schon sehr auf unser Training! Wann legen wir los?«

»Lass mich dir noch die letzte Regel vorstellen, dann starten wir mit der ersten Lektion.«

#10 WÄHLE DEN RICHTIGEN ORT

»Prinzipiell eignet sich jeder Ort zum Meditieren. Allerdings ist es für Anfänger hilfreich, Orte zu wählen, die eher ruhig sind. Die Geräusche einer viel befahrenen Straße oder Baustellenlärm können zu störenden Gedanken und Gefühlen führen. Als Anfängerin hast du noch nicht gelernt, mit vielen Reizen gleichzeitig umzugehen. Wenn du etwas fortgeschrittener bist, können dir solche Geräusche auch helfen.«

»Am liebsten würde ich einfach in der Natur hier meditieren. Neuseeland ist doch der ideale Ort dafür, oder?«

»Ja, das stimmt. Das Meditieren in einem schönen Park hilft dir dabei, positive Energie zu tanken und gleichzeitig etwas Gutes für deinen Körper zu tun. Such dir gerne einen Lieblings-Meditationsplatz, an dem du regelmäßig meditieren kannst. So kannst du eine Gewohnheit installieren, die den Meditationseffekt weiter erhöhen kann.«

Offenbar sah er mir die Vorfreude auf die erste Meditationsstunde an. »Luisa, ich würde sagen, du bist bereit! Lass uns mit der ersten Etappe beginnen: dem Atem!«

DAS ZUHAUSE DEINER SEELE

Lass uns nun mit Hilfe dieses Buches mehr auf dich selbst eingehen. Stell dir einfach vor, dass Luisa parallel zu dir das gleiche Training absolviert. In diesem Abschnitt erfährst du, wie du die erste Stufe meisterst, und lernst, Atmung und Meditation miteinander zu verbinden.

Unser Atem ist etwas ganz Besonderes. Während wir durch unseren Tag eilen, nehmen wir ihn meist kaum wahr. Er fließt automatisch, versorgt uns ganz rhythmisch mit frischem Sauerstoff und transportiert Kohlendioxid aus unseren Zellen heraus. Es ist ein wichtiger Überlebensprozess, der in jedem Moment unseres Lebens abläuft. Das Besondere an unserer Atmung ist, dass sie nicht nur unbewusst und automatisch abläuft, sondern wir sie auch ganz bewusst steuern können.

Die Atmung lehrt uns sehr viel über die Achtsamkeit selbst und steht mit ihr am engsten in Verbindung. Die Achtsamkeit verhält sich ähnlich wie der Atem: Sie kommt und geht. Sie ist mal schnell und mal langsam. Sie kann intensiv, aber auch ganz ruhig und sowohl tief als auch flach sein. Mal versinkt man in der Beobachtung der Atmung und mal verschwindet sie in unbewussten Sphären. Deshalb beschäftigen wir uns in dieser Etappe ganz intensiv mit der Atmung und damit, was Achtsamkeit wirklich bedeutet.

Stell dir vor, wie du durch deinen Alltag hetzt und dich von einem Termin zum nächsten stürzt. Deine Aufmerksamkeit ist ständig bei deinen Gedanken: »Morgen kommt der Besuch, und ich muss dafür noch einkaufen, die Wohnung putzen und alles vorbereiten«, oder auch so etwas wie »Jetzt ist morgen der wichtige Termin bei der Arbeit, und ich habe es immer noch nicht geschafft, mir die Entwürfe anzusehen«. Viele solcher Gedanken kommen auf, und in dir entsteht ein ungutes Gefühl: das Gefühl von Überforderung und Stress. Es sorgt dafür, dass du mit einer Art Tunnelblick durch dein Leben gehst, weil du glaubst, viel zu wenig Zeit für all die Dinge zu haben, die du noch zu erledigen hast. Innerlich freust du dich vielleicht auf Momente, in denen du abschalten kannst; beispielsweise deinen wohlverdienten Feierabend. Doch wenn du zu Hause angekommen bist, fehlt von Entspannung jede Spur. Kurz nachdem wir uns auf die Couch gelegt haben, beginnen wir bereits an unseren nächsten Tag zu denken oder unsere nächste Aktion zu planen. Es gibt dazu eine tolle Geschichte aus dem Zen-Buddhismus. Sie bringt genau auf den Punkt, was Achtsamkeit wirklich bedeutet:

Einige Schüler fragen ihren Zen-Meister
warum er so zufrieden und glücklich ist.
Der Zen-Meister antwortet:

»Wenn ich stehe, dann stehe ich,
wenn ich gehe, dann gehe ich,
wenn ich sitze, dann sitze ich,
wenn ich esse, dann esse ich,
wenn ich liebe, dann liebe ich …«

»Das tun wir auch!«, antworteten seine Schüler.
»Aber was machst du darüber hinaus?«,
fragten sie erneut.

Der Meister erwiderte:
»Wenn ich stehe, dann stehe ich,
wenn ich gehe, dann gehe ich,
wenn ich sitze, dann sitze ich,
wenn ich esse, dann esse ich,
wenn ich liebe, dann liebe ich …«

Wieder sagten seine Schüler:
»Aber das tun wir doch auch, Meister!«
Er aber sagte zu seinen Schülern:
»Nein – wenn ihr sitzt, dann steht ihr schon,
wenn ihr steht, dann lauft ihr schon,
wenn ihr lauft, dann seid ihr schon am Ziel.«

Hast du dich in der Geschichte wiedererkannt? Ist das in unserem eigenen Leben nicht ganz ähnlich? Nur selten bemerken wir, dass das wahre Leben an uns vorbeizieht. Unsere Gedanken sind ständig in der Zukunft. Wir wollen immer mehr haben: mehr Geld, mehr Erfolg, einen höheren Status oder intelligenter sein als jeder andere. Wir leben in der Illusion zu glauben, dass wir nur glücklich sein können, wenn wir dies oder jenes bekämen oder schafften. Und wenn wir es irgendwann besäßen oder erreicht hätten, was wäre dann? Dann würden wir vielleicht einen kurzen Moment des Glücks verspüren, bis dieser wieder verflöge. Erneut würden wir uns dann in das Hamsterrad stürzen, um dem vermeintlichen Leben hinterherzulaufen.

Das wahre Leben findet aber niemals morgen statt. Das wahre Leben findet *nur* im Hier und Jetzt statt. Verstehe, dass der Weg das Ziel ist. Wenn du einer Wunschvorstellung hinterherläufst, wirst du das wahre Leben verpassen. Es wird an dir vorbeiziehen. Und obwohl wir in unserem Leben immer mehr erreichen oder uns immer mehr leisten können, fühlen wir uns immer gestresster und unglücklicher, leiden immer mehr Menschen unter Depressionen oder anderen schweren Krankheiten. Sieh es dir doch einmal an: Obwohl wir in einer Zeit leben, in der uns die Technologie sehr viel Arbeit abnimmt und uns das Leben massiv erleichtert, steigen die Prozentsätze vieler sogenannter Volkskrankheiten stetig an.

Warum ist das so? Vielleicht, weil wir verlernt haben, den Moment achtsam wahrzunehmen. Als Kind haben wir uns noch über alles gefreut, sind allem mit Neugier entgegengetreten und haben das Wunder in jedem einzelnen Moment wahrgenommen. Schule, Erziehung und gesellschaftlicher Druck bewirken, dass wir unsere Aufmerksamkeit immer mehr vom jetzigen Moment auf Momente in der Zukunft richten. Das erzeugt unnötige Sorgen und treibt unser Gedankenkarussell an, das schließlich großes Leid in uns verursacht.

Um wirklich glücklich zu werden und in das wahre Leben einzusteigen, müssen wir unseren natürlichen Seinszustand wiederherstellen. Das gelingt uns durch Achtsamkeit. Sobald wir achtsam sind, beseitigen wir den Grauschleier, der unser Leben trübt. Wir stoppen den Tunnelblick und öffnen uns wieder für die Schönheit, die im Leben verborgen liegt. Wir sind dann wieder in der Lage, alles ungefiltert wahrzunehmen: Geräusche, Gerüche, Gefühle, Farben … Wir öffnen unsere Sinne und sehen die Welt mit offenen Augen. Das schenkt uns eine Menge Lebensqualität. Wir beginnen aus unbewussten Sphären zu erwachen und unser Leben wirklich bewusst zu leben.

Doch wie können wir diese Achtsamkeit in unseren Alltag bringen? Das passiert leider nicht von heute auf morgen. Es erfordert ein gewisses Maß an Training. Aus diesem Grund ist das Achtsamkeitstraining dieses Buches in acht Stufen aufgeteilt, für die du dir jeweils eine Woche Zeit nehmen solltest. Nur so kannst du Achtsamkeit im Kern kultivieren, sodass das Training einen echten Effekt auf dein Leben hat. Der wichtigste Schlüssel zu mehr Achtsamkeit ist der Atem. Er wird dir zukünftig als Ankerpunkt dienen, um blitzschnell in die Achtsamkeit zu finden. Versuche hier und jetzt deinen Atem zu beobachten, während du weiterhin diese Zeilen liest.

Schau deinen Atem ganz genau an. So, als ob du ihn zum allerersten Mal in deinem Leben wahrnehmen würdest. Vielleicht mag das zunächst sehr stupide wirken. Doch wenn du wirklich achtsam bist, lässt sich in der Atmung sehr vieles beobachten. Du kannst erforschen, wie die Luft in deine Nase strömt. Du kannst subtile Empfindungen in deiner Nase spüren. Ist die Luft kalt oder warm? Spürst du, wie sich deine Nasenflügel leicht bewegen? Beobachte, wie sich deine Lungen mit Sauerstoff füllen. Wie sich dein Brustkorb hebt und senkt. Wenn du noch achtsamer bist, kannst du sogar spüren, wie sich die Energie in Form von eingeatmetem Sauerstoff in deinem Blutkreislauf verteilt und deine Zellen mit neuer Energie versorgt. Du wirst staunen, wenn du erlebst, wie viel bei einem so einfachen Vorgang wahrgenommen werden kann. Obwohl ich selbst seit vielen Jahren meditiere, kann ich trotzdem immer wieder eine neue Wahrnehmung in meiner Atmung finden, die ich so noch nie erfahren habe. Du kannst jeden Atemzug als Gelegenheit nutzen, den aktuellen Moment achtsam zu erfahren. Kein Moment gleicht dem anderen. Jeder ist einzigartig. Das Beobachten der Eindrücke, die beim Ein- und Ausatmen stattfinden, bringt dich unmittelbar ins Hier und Jetzt. Das versetzt dich in eine achtsame Haltung. Lass uns dies vertiefen.

WICHTIG! LIES DAS, BEVOR DU MIT DEM TRAINING STARTEST

Auf den folgenden Seiten findest du eine Meditationsanleitung, die du in der Stille durchführst, und eine dynamische, zu der du dich beispielsweise bewegst. Sie werden auch als passive und aktive Meditation bezeichnet. Beide bieten einen jeweils unterschiedlichen Zugang und ergänzen sich gegenseitig. Daher empfehle ich dir, in den kommenden Tagen beide Übungen durchzuführen. Du kannst sie gerne unmittelbar nacheinander durchführen oder eine morgens und die andere abends. Du kannst auch tageweise für dich entscheiden, welche davon du praktizieren möchtest. Fühle dich hier frei zu experimentieren und die passende Konstellation für dich zu finden. Ich empfehle, zuerst die aktive Form auszuüben, da viele Menschen durch Bewegung leichter in die Meditation finden und im Anschluss durch die passive Technik besser in die Stille finden. Somit wird die zweite Meditation durch die erste verstärkt.

Dynamische, aktive Meditationen sind in Deutschland noch relativ unbekannt, doch die Wirkungen dieser ungewöhnlichen Methoden sprechen für sich. Als ich von meinem indischen Yogi-Meister in verschiedensten Techniken unterwiesen wurde, erklärte er die Wichtigkeit aktiver Meditationen folgendermaßen: Da wir in der westlichen Welt sowieso schon viel zu lange sitzen, fällt es uns einfach viel schwerer, unseren Energiefluss und den Körper im Sitzen zu aktivieren. Das war in früheren Zeiten anders. Früher haben wir körperlich gearbeitet und haben die körperliche Stille als Kompensation gebraucht. Heute arbeiten die meisten von uns viel im Sitzen und brauchen als Ausgleich körperliche Aktivität, die wir mit Meditation verbinden dürfen. Bringen wir zunächst durch dynamische Meditation unsere Energie in Bewegung, können wir anschließend in der Stille-Meditation wesentlich tiefere Meditationszustände erreichen.

Achte darauf, dass du die Übungen einer jeweiligen Stufe über mehrere Tage durchführst, da sie ihre volle Wirkung erst nach mehrmaliger Anwendung entfalten können. Es dauert in der Regel zwei bis drei Tage, bis man mit der Ausführung vertraut ist und sich in die Übungen vertiefen kann. Fahre also erst dann mit dem nächsten Kapitel fort, wenn du das Gefühl hast, dass du die jeweilige Stufe gemeistert hast. Zu Beginn eines jeden Kapitels wartet ein kurzer Check auf dich, mit dem du überprüfen kannst, ob du bereit für den nächsten Schritt bist.

Um dich beim Training noch besser zu unterstützen, haben wir für die erste Etappe geführte Meditationen online und auch zum Download bereitgestellt, die du über diesen QR-Code abrufen kannst. So kann ich dir bei deinen ersten Meditationen zur Seite stehen, sodass du direkt zu Beginn alles richtig machst. Schau hier gerne rein, denn diese Inhalte sind für dich kostenfrei.

https://www.highermind.de/buch-m1/

AKTIVE MEDITATION: **DER ATEMGRUSS**

Die Übung wird im Stehen praktiziert und hilft dir dabei, dich mit deinem Atem zu verbinden. Stelle deine Füße hüftbreit oder enger auf und finde einen stabilen Stand. Bewege nun deine Arme im Rhythmus deines Atems. Beim Einatmen hebst du sie an deinem Körper vorbei, als ob du einen Kreis malen würdest. Strecke deine Arme und deinen Kopf weit hoch, als würdest du nach der Sonne oder den Sternen greifen wollen. Halte deinen Atem für einen Moment am höchsten Punkt, bevor du deine Arme wieder senkst und dabei ausatmest. Am tiefsten Punkt kannst du eine kurze Atempause einlegen und dann eine neue Runde beginnen. Bestimme das Tempo ganz nach deinem Gefühl. Versuche die einzelnen Atemphasen in etwa gleich lang zu gestalten. Dabei kannst du im Kopf mitzählen. Je länger du die einzelnen Phasen ausdehnst, umso tiefer wird der Atem und umso effektiver wird die Übung.

Beobachte dabei alles, was mit dem Atem in Verbindung steht. Wenn du die Arme hebst, kannst du wahrnehmen, dass du mit dem oberen Teil der Lunge atmest. Beim Ausatmen sind eher die unteren Lungen aktiv. Welche feinen und subtilen Eindrücke kannst du wahrnehmen? Wenn du möchtest, kannst du dich auch auf deine Zehenspitzen stellen und dich ganz weit strecken, wenn du mit deinen Armen am höchsten Punkt bist und die Atempause einlegst. Das hilft dir dabei, deinen Atem noch besser zu spüren und dich tiefer mit ihm zu verbinden. Stell dir gerne auch vor, wie beim Einatmen Energie in dich hineinfließt und dich von innen reinigt. Beim Ausatmen kannst du all die verbrauchte Energie loslassen und dich tief in die Entspannung sinken lassen. Führe die Atemtechnik in deinem Rhythmus für fünf bis zehn Minuten durch. Es ist auch sehr empfehlenswert, im Anschluss die passive Atem-Meditation zu praktizieren, die ich dir auf den kommenden Seiten vorstellen werde.

ERWEITERUNG

Wenn du mit der Basisversion dieser Übung vertraut bist, kannst du auch die folgende fortgeschrittenere Technik anwenden: Bewege deine Arme nun nicht mehr kreisförmig an dir vorbei, sondern hebe sie frontal. Auch hier kannst du am höchsten Punkt deinen Atem halten und dich auf deine Zehen stellen. Beim Ausatmen senkst du nun nicht nur deine Arme, sondern deinen gesamten Oberkörper, bis deine Finger deine Schienbeine, Zehenspitzen oder den Boden berühren. Wenn dir die Flexibilität für diese Haltung fehlt, dann kannst du deine Knie leicht beugen. Achte beim Wieder-Einatmen und Hochführen der Arme und des Rumpfes darauf, dass dein unterer Rücken stets stabil bleibt. So beugst du Verletzungen vor. Stell dir auch hier wieder vor, dass du beim Einatmen neue, frische Energie tankst und beim Ausatmen alten Ballast loslässt.

Dieser Bewegungsablauf wird häufig im Yoga praktiziert und ist ein wichtiger Bestandteil des *Surya Namaskara*, also des beliebten Sonnengrußes. Deswegen gab ich dieser Übung den Namen »Atemgruß«.

PASSIVE MEDITATION: **DIE ATEM-BEOBACHTUNG**

Setz dich hin, entweder auf einen Stuhl oder im Schneidersitz auf den Boden. Dein Rücken ist gerade und wenn möglich nicht angelehnt. Lass deine Hände in deinen Schoß fallen oder leg sie auf deinen Knien ab und schließe – wenn du möchtest – deine Augen. Wenn du willst, kannst du sie auch halb geöffnet lassen. Dies kann dir dabei helfen, dich zu erden und nicht zu tief in die innere Welt der Gedanken und Gefühle abzudriften. Auch während der Meditation kannst du die Augen jederzeit öffnen oder schließen, ganz wie du möchtest und wie es sich für dich richtig anfühlt. Um die Übung zu starten, richtest du deine Aufmerksamkeit einfach auf deine Atmung. Gerne kannst du die Meditation mit drei tiefen und besonders achtsamen Atemzügen einleiten, um eine Art Eröffnungsritual durchzuführen.

Finde daraufhin deinen natürlichen Atemrhythmus, der sich intuitiv richtig für dich anfühlt, und beobachte dabei den Luftfluss. Spüre, wie die Luft durch deine Nase in deine Lungen ein- und wieder ausströmt.

Nimm wahr, wie sich deine Bauchdecke beim Atmen hebt und senkt. Idealerweise atmest du nicht nur über deine Lungen, sondern auch in deinen Bauch. Das aktiviert dein Zwerchfell und massiert zudem deine inneren Organe. Lass deine Atmung langsam und tief werden. Versuche bitte nicht, diese Art der Atmung angestrengt auszuführen und etwas zu erzwingen. Lass deinen Atem einfach fließen. Der Atemfluss darf ganz entspannt kommen und wieder gehen, so wie es sich für dich richtig anfühlt. Versuche den Atem nicht zu kontrollieren, sondern einfach den Flow zu beobachten.

Beobachte vor allem die Phase des Einatmens. Was nimmst du dabei wahr? Vielleicht, wie der Atem durch deine Nase, durch deine Bronchien in deine Lunge strömt, dort in deinen Blutkreislauf gelangt und jede Zelle mit frischer Energie versorgt. Beobachte, wie die Luft um dich herum ein Teil von dir wird. Wie die Sauerstoffmoleküle mit deinem Körper verschmelzen und dich beleben. Jeder Atemzug schenkt dir Energie, vitalisiert dich und macht dich lebendig. Wenn du ganz achtsam bist, kannst du bei dem scheinbar einfachen Prozess des Einatmens sehr viel beobachten. Sei neugierig wie ein Kind und erforsche jeden Atemzug so, als ob es der erste Atemzug deines Lebens wäre.

Stell dir hierfür einen Timer für ca. fünf bis zehn Minuten. Schließe die Meditation gerne wieder mit zwei bis drei tiefen und besonders achtsamen Atemzügen ab. Versuche die gewonnene Achtsamkeit ganz bewusst zu bewahren. Dies hilft dir dabei, den Rest des Tages immer wieder Zugang zu deiner Atmung zu finden und so Achtsamkeit in deinen Alltag zu bringen. In den kommenden Tagen kannst du die Meditation in ihrer Länge ausdehnen und zusätzlich erweitern.

ERWEITERUNG 1

Wenn du mit der bisherigen Ausführung vertraut bist, kannst du diese Übung intensivieren. Erweitere deine Achtsamkeit und beobachte jetzt nicht mehr das Einatmen, sondern wie du die verbrauchte Luft ausatmest. So befreist du dich von Kohlendioxid, das du durch das Ausatmen an die Umgebung abgibst. Du spürst, wie dich dieser Prozess befreit und du dabei alten Ballast abwerfen kannst. Du wirst ganz leicht und fühlst dich frisch und gereinigt. Die verbrauchten Moleküle gelangen aus deinem Blutkreislauf über die Lunge, über deine Atemwege, über deinen Mund oder deine Nase nach außen. Du kannst auch deine Muskulatur beim Ausatmen weich werden lassen und in totale

Entspannung übergehen. Die Meditation bleibt prinzipiell die gleiche, nur dass du dich hierbei speziell auf die Ausatmung fokussierst.

ERWEITERUNG 2

Nun kannst du deine Achtsamkeit noch weiter ausdehnen und dich auf das Ein- und Ausatmen gleichermaßen fokussieren. Beobachte den Atemfluss und alle Eindrücke, die mit dem Atem in Verbindung stehen. Lass den Atem einfach fließen und schau, wie du durch das Einatmen Energie in deinen Organismus bringst und beim Ausatmen tief entspannst und alten Ballast loslässt. Verbinde dich mit der Luft aus deiner Umgebung und werde eins mit ihr.

NICHT VERGESSEN!

Über den folgenden QR-Code kannst du dir eine geführte Meditation von mir herunterladen. Diese hilft dir dabei, bei deinen ersten Meditationen alles richtig zu machen und ein Gefühl der Sicherheit zu bekommen. Die geführte Meditation ist für dich kostenfrei verfügbar und an die hier beschriebene Anleitung angepasst.

https://www.highermind.de/buch-m1/

BIST DU BEREIT FÜR LEVEL 2?

Meditation ist keine Fähigkeit, die du dir über wenige Tage aneignest. Ein erfolgreiches Achtsamkeitstraining braucht Zeit. Führe die Übungen der ersten Stufe daher mindestens eine Woche lang aus. Beginne erst dann mit dieser zweiten Stufe, wenn du in der Lage bist, feinste Details des Atems zu beobachten und deine Achtsamkeit für mehrere Minuten voll und ganz im Atem zu vertiefen. Wenn dir das bereits gut gelingt, du aber wissen möchtest, wie du verhindern kannst, immer wieder von der Meditationsübung abzuschweifen, dann ist es an der Zeit für den nächsten Schritt. Es war notwendig, die Erfahrung zu machen, wie es sich anfühlt, wenn unser Fokus auf Wanderschaft geht. Das eröffnet uns den Raum, daran zu arbeiten. Nun wirst du lernen, wie du mit Ablenkungen richtig umgehst.

STUFE 2

DER FOKUS

WIE MEDITATION DEM LEBEN EINE NEUE RICHTUNG GIBT

Eine Woche ist es nun her, seitdem ich begonnen habe, täglich zu meditieren. »Kym, du hast mir nicht zu viel versprochen. Ich merke jetzt schon einige der Effekte, die du mir anfangs beschrieben hast.«

Kym freute sich sichtlich über meine positive Erfahrung mit der Meditation. Dann sagte er: »Dabei habe ich dir ja den größten Vorteil der Meditation noch vorenthalten. Möchtest du ihn hören?« Ich nickte.

»Zunächst musst du verstehen, dass wir Menschen gewissermaßen wie automatisch gesteuerte Roboter funktionieren. Unser Unbewusstes, auch unser Ego genannt, steuert viele unserer Prozesse ganz automatisch. Ein Großteil unserer Entscheidungen wird von unserem unbewussten Verstand getroffen. In der sechsten Woche werden wir noch tief in dieses Thema einsteigen. Wichtig für dich ist jetzt zu wissen, dass dein Unbewusstes verantwortlich ist, wenn du es einfach nicht schaffst, bestimmte Vorsätze, Ziele oder Veränderungen umzusetzen. Hör deshalb damit auf, dir selbst die Schuld dafür zu geben, dass du in deinem früheren Leben mit bestimmten Dingen gescheitert bist.«

»Mein Unterbewusstsein ist also schuld? Heißt das, ich hätte es gar nicht richtig machen können?«

»Ja und nein. Nur wenn wir ein bewusstes Leben führen, haben wir die Macht über unser Leben. Wenn wir unbewusst sind, dann übernimmt unser Schicksal das Ruder. Wenn wir aus alten Gewohnheiten ausbrechen möchten und unser Leben in eine bestimmte Richtung lenken wollen, müssen wir unser Bewusstsein aktivieren – und das schaffen wir durch Meditation.«

»Das Bewusstsein aktivieren? Mein Bewusstsein ist doch gerade aktiv.«

Wieder begann Kym zu lachen. »Ich meine mit ›Bewusstsein‹ etwas anderes als du. Das, was du ›Bewusstsein‹ nennst, ist nur die Spitze des Eisbergs. Bewusstsein, wie ich es verstehe, ist nichts anderes als Energie. Durch Meditation können wir lernen, diese Energie gezielt einzusetzen, sodass wir unserem Leben eine bestimmte Richtung geben können. Was ist die Richtung, die du deinem Leben gegeben hast?«

»Ähm …« Ich fühlte mich etwas ertappt. Wahrlich eine wichtige Frage, auf die jeder für sich eine Antwort haben sollte. Warum hatte ich sie mir bisher noch nie gestellt?

Bevor ich Worte finden konnte, fuhr Kym fort: »Darf ich die Frage für dich beantworten? Aber bitte nicht beleidigt sein, okay?« Ich nickte und hörte ihm nun ganz genau zu. »Die Richtung, die du deinem Leben gegeben hast, lautet: ›Lauf weg! Lauf, so weit du kannst!‹ Du bist im biologischen Fluchtmodus, und das bereits seit vielen Jahren deines Lebens – ohne dir dessen bewusst zu sein. Das ist der Grund, wieso du so lange um die Welt reist und trotzdem nicht glücklich bist. Du bist wie eine Maus, die pausenlos von einer Katze gejagt wird. Spür noch mal in dich hinein, ob du wirklich ›bewusst‹ bist.«

Etwas widerwillig musste ich mir eingestehen, dass er Recht hatte. Genauso fühlte es sich in meinem Inneren an. Ich stotterte: »U-und w-was soll ich jetzt tun?«

»Na, gib deinem Leben eine neue Richtung! Bewusstsein ist Energie. Zu dem, worauf du dich fokussierst, fließt die Energie. Dieses Prinzip wird auch ›Gesetz der Anziehung‹ genannt. So manifestieren wir unser Leben.«

Auch spannend: Wenn du mehr über das Gesetz der Anziehung und die sieben geistigen Prinzipien erfahren möchtest, dann fühl dich ganz herzlich dazu eingeladen, den Workshop dazu anzusehen, den du unter diesem QR-Code findest.

https://www.highermind.de/buch-m2/

»Da du dich nur darauf fokussiert hast, vor dem Leben in Deutschland zu flüchten, hast du diese Reise hier manifestiert. Du fokussierst dich auf Flucht, also schenkt dir das Leben Flucht. Du fokussierst dich auf die Angst davor, nie wieder sesshaft werden zu können, keinen Mann zu finden und keine Kinder zu haben? Na, dann wird sich genau das in deinem Leben auch so zeigen.«

»Heißt das, weil ich mich auf das Scheitern fokussiert habe, ist das auch wirklich so in meinem Leben eingetreten?«, murmelte ich.

»Ganz genau! Wenn du hoffst, bittest oder zweifelst, dann bist du im Mangelbewusstsein. Dann wird sich nur noch mehr Mangel manifestieren. Wenn du beginnst, wahrhaftig an das zu glauben, was du schaffen willst, dann ist es nur noch eine Frage der Zeit, bis es sich auch auf physischer Ebene zeigt. Deine innere Einstellung projiziert sich auf die Welt, die du erlebst. Das ist die Macht, die hinter unserem Fokus steckt. Wenn unser Fokus wie wild hin und her springt, dann werden wir uns von unserem Leben ebenfalls hin- und herreißen lassen. Erinnere dich an deine letzten Meditationen. Wohin ist dein Fokus gewandert, als du vom Atem abgeschweift bist?« Ich musste nicht lange überlegen, weil es mich während der Meditation bereits beschäftigt hatte: »Du hast Recht! Meistens habe ich mir Sorgen über die Zukunft gemacht. Oder es waren Gedanken an damals. Kym, ich habe mir wirklich ein Leben auf der Flucht vor mir selbst manifestiert. Und ich kann meinem Leben eine eigene Richtung geben? Egal wohin?«

»Wenn du dein Bewusstsein aktivierst, ist dieses Prinzip in der Lage, dein volles geistiges Potenzial zu entfalten und dein Leben nach deinen Wünschen zu gestalten. Egal, ob es darum geht, einen bestimmten Job zu bekommen, ein schönes Haus zu kaufen, mehr Geld auf dem Konto zu haben oder was du dir wünschst: einen besonderen Lebenspartner zu finden und mit ihm Kinder zu bekommen.«

»Das hört sich gut an und schenkt mir viel Mut und Kraft. Ich bin schon gespannt, wie ich das mit deiner Hilfe schaffen kann.«

»Du kannst alles schaffen, Luisa. Doch ich kann dir dabei nicht helfen. Nur du allein bist in der Lage, dir selbst zu helfen. All diese Dinge, die wir in unserem Leben manifestieren können, sind nur Dinge im Außen. In unserem Training werden wir uns für die nächsten Wochen auf unser Inneres fokussieren. Du musst zunächst herausfinden, wer oder was du wirklich bist, damit du voller Bewusstheit wissen kannst, was du in deinem Leben manifestieren möchtest. Ich kann dir nicht den Weg zu der Luisa zeigen, die wieder in Deutschland glücklich verheiratet mit zwei Kindern lebt. Ich kann dir nur den Weg zu deinem wahren Selbst zeigen. Wohin du dann von dort aus weiterziehst, ist ganz dir überlassen. Doch eines kann ich dir sagen: Wir können erst wissen, was unser Weg ist, wenn wir wissen, wer wir wirklich sind. Und wenn wir es wissen, dann wird uns die Welt offenstehen. Dann wird alles möglich sein. Glaube, Fokus und Achtsamkeit sind die Werkzeuge des Bewusstseins.«

Ich musste schlucken. Was für eine hoffnungsvolle Perspektive! »Okay, und wie finde ich den Weg zu meinem wahren Selbst? Ich will es unbedingt!«

»Wow, das nenne ich mal Enthusiasmus. Ich möchte dir das Geheimnis verraten: Halte deinen Fokus bei deinem Atem. Er ist das Zuhause deiner Seele – deines wahren Selbst. Nimm alles andere um deinen Fokus herum ebenfalls wahr. Erweitere deine Achtsamkeit. Wenn alles um dich herum in deinem Gewahrsein ist, dann erfährst du, wer du wirklich bist.«

PERIPHERES ACHTSAMKEITSFELD

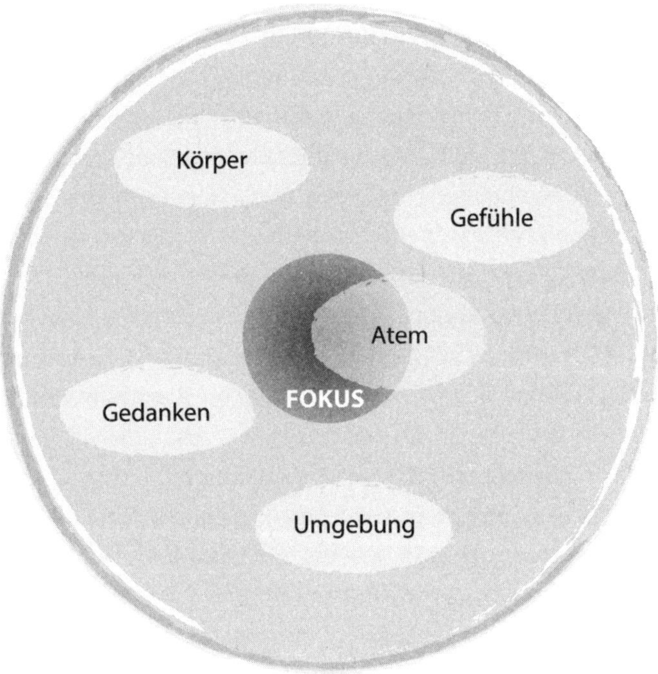

Ich blickte ihn etwas verwirrt an. Er formte mit den Händen einen Kreis. »Das hier ist dein Fokus. Da ist Platz für eine einzige Sache. Dort sollte stets dein Atem sein. Nun stell dir einen zweiten, größeren Kreis um den ersten Kreis herum vor. Das ist deine Achtsamkeit. Dieser zweite Kreis um deinen Fokuspunkt herum wird ›periphere Wahrnehmung‹ genannt. Hier hat alles andere Platz: Körperwahrnehmungen, Umweltreize, Gefühle und Gedanken. Sei dir ganz bewusst, was sich alles in diesem Kreis befindet. Nimm es wahr, ohne dass dessen Inhalt in deinen zentralen Fokuspunkt kommt. Denn dann verlierst du dich in der peripheren Wahrnehmung: in Gedanken, Gefühlen ... Lass deinen Atem im Zentrum und dehne deine Achtsamkeit immer weiter aus, sodass du in deiner peripheren Wahrnehmung so viel wie möglich aufnimmst. Oder lass es mich dir anders erklären: Siehst du den Vogel, der dort oben auf dem Baum sitzt?«

»Ja, klar!«

»Nimm ihn mit deinen Augen in deinen Fokus und versuche jetzt im peripheren Blickfeld alles Weitere wahrzunehmen. Bewege deinen Blick aber nicht vom Vogel weg. Siehst du die Bäume? Hörst du die Umgebung? All das, was in der Nähe des Vogels ist, fällt dir noch leicht wahrzunehmen. Doch was ist mit den Dingen, die weiter entfernt sind? Auch das kannst du beobachten, wenn du deine periphere Achtsamkeit weiter ausdehnst. Unsere physischen Augen haben ein Limit. Wir können nur so weit sehen, wie es die Anatomie unserer Augen zulässt. Bei unserem Bewusstsein ist das aber anders. Wir können unsere Achtsamkeit unendlich weit ausdehnen.«

Das, was er sagte, machte Sinn. Doch eine Sache konnte ich noch nicht so ganz begreifen: »Okay, jetzt verstehe ich das mit dem Fokus ganz gut. Aber wie meinst du das … aufs Unendliche ausdehnen?«

»Mach dir darum keine Sorgen, Luisa. Irgendwann kommt der Zeitpunkt, an dem du das ganz von selbst verstehst.«

Das klang zwar eher ernüchternd, aber ich freute mich schon auf den Moment, in dem ich diese Erfahrung machen würde. »Also versuche ich meinen Atem immer im Fokus zu halten? Sobald mein Fokus woanders ist, kehre ich zum Atem zurück?«

»Exakt! Beobachte ganz genau, wo dein Fokus im jetzigen Moment ist, und bringe deinen Atem wieder ins Zentrum. Das ist das Einzige, worauf es jetzt ankommt. Du wirst merken, dass dein Fokus mit etwas Übung immer ruhiger und stabiler wird. Das ist unser Ziel für diese Woche. Lass uns loslegen!«

DAS LICHT DES ERWACHENS

Im letzten Kapitel haben wir uns ausgiebig mit dem Atem auseinandergesetzt. Dabei ist dir bestimmt aufgefallen, dass deine Aufmerksamkeit des Öfteren von der Meditation abgeschweift ist. Genau das wird das Thema dieser Etappe.

Der Fokus ist dein zentralster Ort. Von hier aus steuerst du deine Wahrnehmung. Der Fokus ist wie eine Taschenlampe: Du nimmst genau das wahr, worauf dein Fokus gerichtet ist. Alles, was sich im Streulicht befindet, ist Teil unserer peripheren Wahrnehmung und wird meist ausgeblendet. In unserem Alltag ist unser Fokus unentbehrlich. Nur so können wir uns auf bestimmte Aufgaben konzentrieren. Oft müssen wir uns um viele Dinge gleichzeitig kümmern. Unser Fokus springt ständig von einer Aufgabe zur anderen. Unsere Aufmerksamkeitsspanne wird auf diese Weise immer kürzer. Diese Entwicklung (wenn man es so nennen will) ist auch in den Social-Media-Plattformen angekommen. Informationen werden immer kurzlebiger und sind auf das vermeintlich Wesentliche komprimiert, bis sie schließlich doch unwesentlich werden.

In unserem Alltagsleben werden wir von allen Seiten regelrecht mit Reizen überflutet. Verschiedenste Informationen wetteifern um unsere Aufmerksamkeit, und unser Fokus springt hin und her. Dies verursacht innere Unruhe und wirkt sehr belastend.

So kann es dazu kommen, dass wir die Kontrolle über unseren Fokus verlieren und unsere Handlungen von äußeren Reizen beeinflusst werden, ohne dass wir bewusst etwas davon mitbekommen. Die heutige Lektion wird dir dabei helfen, aus diesem Teufelskreis auszubrechen und die volle Macht über deinen Fokus wiederzugewinnen.

Lass mich noch etwas tiefer einsteigen: Stress, Hektik und Eile entstehen, wenn wir uns überfordert fühlen. Oft meinen wir dann, dass wir uns noch mehr anstrengen und uns noch stärker konzentrieren müssten, um uns davon zu befreien. Stelle dir das bildlich so vor: Du stehst mitten in einem Wasserfall. Auf dich trifft von oben ein gewaltiger Wasserstrom. Du kannst dich kaum auf den Beinen halten, die vielen aufgewirbelten Wassertropfen blockieren deine Sicht und das laute Rauschen des Wassers übertönt jedes andere Geräusch.

So ähnlich ergeht es uns im Alltag. Wir werden immer wieder regelrecht mit Aufgaben überschüttet und bekommen deshalb gar nicht mehr wirklich mit, was um uns herum geschieht. Von allen Seiten prasseln Gedanken, Empfindungen und Gefühle auf uns ein, die wir nicht mehr kontrollieren können. Jetzt im Wasserfall, in der Flut unserer Aufgaben stehen zu bleiben, ist der größte Fehler, den wir machen können. Irgendwann zwingt die Überflutung uns in die Knie.

Die meisten Menschen übersehen, dass es nicht erforderlich ist, mitten im Wasserfall stehen zu bleiben. Wir können auch ein paar Schritte zurücktreten und die Situation aus einer sicheren Distanz betrachten. Dann werden wir nicht mehr von der Flut der Anforderungen fast erschlagen.

Aus der Distanz hast du die Möglichkeit, den Wasserfall deiner täglichen Aufgaben mit anderen Augen zu sehen. Nun hast du freie Sicht. Du kannst die Lagune am Fuß des Wasserfalls sehen, die Pflanzen, die rundherum wachsen, und die Vögel, die im Wasser baden. Du kannst ihr Gezwitscher hören, das jetzt nicht mehr vom Rauschen des Wassers übertönt wird. Jetzt kannst du beginnen loszulassen und mit deinem Fokus mehr Eindrücke erfassen. Du musst dich nicht mehr krampfhaft darauf fokussieren, auf den Beinen zu bleiben, sondern kannst den Weitblick genießen. Genau das werden wir in der Meditation praktizieren. Wenn wir im Alltagsstress gefangen sind, verlieren wir schnell unsere Achtsamkeit. Unser Fokus ist eingeengt, wir sehen nur unsere Termine und Deadlines. Durch die Meditation können wir lernen, einen Schritt zurückzutreten und die Dinge von außen zu betrachten. Dann ist es uns wieder möglich, achtsam im gegenwärtigen Moment zu verweilen. Das hilft dir dabei, eine klare Wahrnehmung zu bewahren, anstatt mit getrübter Sicht durchs Leben zu gehen. So gelingt es dir, aus dem Teufelskreis des Unbewussten auszusteigen und direkt in das Hier und Jetzt, in dein Leben, einzutreten. Wir haben es uns über viele Jahre angewöhnt, permanent in der Flut unserer Aufgaben zu stehen. Du wirst während der Meditationspraxis sicher merken, dass du dich immer wieder mitten in diesem Wasserfall wiederfindest. Deine Gedanken oder deine Gefühle werden dich immer wieder von der Meditation ablenken und deinen Fokus auf sich ziehen.

In dieser Etappe werden wir lernen, unseren Fokus zu kontrollieren. Mein Zen-Meister zeigte mir die Essenz dieser Lektion auf eine ganz einfache Weise. Er sagte: »Mache eine Faust und drücke sie so fest zusammen, wie du nur kannst! Wie lange schaffst du das?«

Ich antwortete: »Vielleicht zwei oder drei Minuten?«

»Und genau das ist Meditation nicht«, sagte er. »Meditation bedeutet, die Faust zu öffnen und loszulassen.«

Genau das werden wir diese Woche machen. Wir werden unsere angespannte Faust, die versucht, alles festzuhalten, öffnen und einfach loslassen. Dann ist unser Fokus nicht mehr eingeengt, sondern wir öffnen uns für die periphere Wahrnehmung. In der Meditation erwischen wir uns immer und immer wieder dabei, dass wir krampfhaft festhalten wollen. Unser Fokus wird spitz, wir vertiefen uns in Gedanken oder Gefühlen und stellen uns, bildlich gesprochen, in den Wasserfall. Wir müssen lernen loszulassen und unseren Fokus zu lockern. Wir dürfen unsere Ängste, Sorgen und Grübeleien nicht in unseren zentralen Fokuspunkt lassen. Wir müssen lernen, sie aus einer gewissen Distanz wahrzunehmen. Nimm sie in deinem peripheren Achtsamkeitsfeld wahr. Das ist der Schlüssel der Meditation und der Schlüssel zu einem achtsamen Leben.

Sei nicht enttäuscht, wenn dir das nicht von einem Tag auf den anderen gelingt. Diese Fähigkeit muss über längere Zeit kultiviert werden. Doch es wird dir mit zunehmender Meditationspraxis immer leichter fallen, im Hier und Jetzt zu bleiben, ohne dass dein Fokus beginnt, von der Übung abzuschweifen. Bedenke, dass dies vollkommen tagesformabhängig ist. Sogar die erfahrensten Meditationslehrer schweifen hin und wieder ab. Dieses Abschweifen ist nichts, was man verurteilen sollte. Es ist ein wichtiger Bestandteil der Praxis. Der Moment, in dem du erkennst, dass du von der Übung abgeschweift bist, ist ein Moment des Erwachens. In diesem Moment wirst du bewusst. Genau jetzt steigst du in das Hier und Jetzt ein. Sei dankbar für jeden dieser Momente, anstatt dich deswegen schlecht zu fühlen. Genau die Meditationen, in denen du oft abschweifst, sind wertvoll für deinen Fortschritt. Du siehst also, dass du nicht enttäuscht von dir selbst sein musst, wenn du von der Meditation abschweifst. Zu Beginn wird dir das vermutlich noch ziemlich häufig passieren. Mit der Zeit wird sich das aber bessern. Ganz verschwinden wird es allerdings nie, außer wenn du in tiefste Erleuchtungszustände eintauchst.

AKTIVE MEDITATION: **DAS EMPTY OUT**

Diese dynamische Meditation ist eine einfache Atemübung, die schnell das Gleichgewicht von Körper und Geist wiederherstellt, indem wir Stress und Anspannung lösen. Sie wirkt energetisierend und fokussierend und stellt den richtigen Energiefluss im Körper wieder her. Diese kurze Atemübung ist daher bestens geeignet, um unseren Fokus zu schärfen und bei uns zu halten, ohne abzuschweifen. Sie ist in der Schrift *Hatha Yoga Pradipika* von Swami Swatmarama aus dem 15. Jahrhundert überliefert.

Die Übung wird im Stehen und üblicherweise mit geschlossenen Augen durchgeführt. Suche dir einen stabilen Stand, die Füße sind nicht zu nah und auch nicht zu breit aufgestellt. Atme nun etwas tiefer und schneller als gewohnt. Beim Einatmen kannst du deine angewinkelten Arme leicht zur Seite heben und sie beim Ausatmen stoßweise fallen lassen, sodass sie sich überkreuzen und dann locker runterhängen. Du kannst auch deinen Oberkörper leicht mitbewegen, um noch besser loszulassen. So kannst du mit jedem Ausatmen tiefer in die Entspannung eintauchen und inneren Ballast loslassen. Richte deinen vollen Fokus auf das Ausatmen und beobachte, wie du die Luft sanft, aber doch stoßweise durch deine Nase presst. Lass das Einatmen von selbst geschehen. Im Idealfall merkst du gar nicht, wie du einatmest, sondern hast den Eindruck, duchgängig auszuatmen und dich dabei quasi zu »entleeren«. Daher habe ich dieser Übung auch den Namen »Empty Out« gegeben. Konzentriere dich ganz auf den Prozess des Loslassens und versuche den Körper locker und entspannt zu halten. Atme ca. zwei bis drei Minuten lang auf diese Weise.

Bleibe dann still und aufrecht stehen und beobachte jetzt einfach deinen natürlichen Atemfluss. Beobachte, wie sich deine Bauchdecke hebt und senkt. Vielleicht kannst du auch deinen Herzschlag spüren. Du dürftest nun feststellen, dass sich Körper, Geist und Seele beruhigt haben und du viel entspannter bist. Lass noch weiter los, indem du alle Muskeln entspannst und dich voll und ganz dem Atem widmest. Dein Fokus sollte nun zentrierter sein und nicht mehr so leicht abschweifen.

Lege in etwa drei bis fünf Runden »Empty Out« ein und mache dazwischen jeweils eine Pause. Führe dich dadurch immer tiefer in die Entspannung, lass von Runde zu Runde immer mehr los und befreie dich so von Grübel-Kreisläufen oder schweren Gefühlen.

Im Anschluss daran empfiehlt es sich, die passive Meditation dieser Stufe durchzuführen.

PASSIVE MEDITATION: **DIE MALA-MEDITATION**

Für diese Meditation kannst du eine Mala-Gebetskette oder eine andere Perlenkette verwenden. Du kannst auch eine lange Schnur nehmen und alle paar Zentimeter einen Knoten einbinden. Warum das wichtig ist, erfährst du gleich noch. Die Übung kann zwar auch ohne ein solches Hilfsmittel durchgeführt werden, es kann dich aber sehr unterstützen.

Begib dich für die Meditation in die sitzende Haltung. Die Augen kannst du offen lassen oder auch schließen – ganz wie du möchtest. Wenn du dich für geöffnete Augen entscheidest, dann fixiere einen Punkt vor dir auf dem Boden. Richte deinen Fokus anschließend nach innen auf deinen Atem und nimm zu Beginn, wie gewohnt, drei tiefe Atemzüge, um in die Meditation einzusteigen.

Folge dann deinem natürlichen Atemrhythmus und achte auf deine Bauchatmung. Lenke deine volle Aufmerksamkeit auf den Fluss des Atems und beobachte, wie sich deine Bauchdecke hebt und senkt. Dort liegt deine Körpermitte, und von hier aus dehnst du deine Achtsamkeit im Rhythmus deines Atems aus. Dazu kannst du eine Energieblase visualisieren, die deinen gesamten Körper umschließt. Die Energie dehnt sich mit der Seifenblase aus und zieht sich beim Ausatmen wieder zusammen. Ganz im Rhythmus deines Atems. Verweile hier für einige Zeit und nimm deinen Atem ganz achtsam wahr, ähnlich wie bei der Meditation aus der vorherigen Stufe.

Für diese Meditation nimmst du zusätzlich die Mala-Kette in die Hand und ergreifst eine Perle mit Zeigefinger und Daumen. Wenn du im Laufe der Meditationsübung abschweifst und dein Atem nicht mehr im Zentrum deiner Achtsamkeit liegt, dann schiebst du eine Perle der Kette weiter oder greifst nach der nächsten. Werde in diesem Moment besonders achtsam und kehre dann wieder zur Atem-Beobachtung zurück. Wenn du wieder merkst, dass du abgeschweift bist, gehst du erneut eine Perle weiter, schärfst von Neuem deine Bewusstheit und kommst zurück zur Übung. So kannst du zählen, wie häufig du von der Meditation abgelenkt wurdest, und kannst deine Fortschritte besser messen. Manchmal spürst du regelrecht, wie äußere oder innere Reize versuchen, deine Aufmerksamkeit auf sich zu ziehen. Erkenne in diesem Moment, wo dein Fokus gerade ist, und benenne es. Ist es eine Erinnerung? Ein inneres Bild? Ein Gefühl? Eine Art Stimme? Nimm wahr, was es ist, und beobachte es einen kurzen Moment ganz bewusst, bevor du wieder zum Atem zurückkehrst. Du siehst, es kommt also nicht darauf an, möglichst wenig Perlen zu sammeln. Vielmehr geht es darum, dankbar für jede Perle zu sein, die du gezählt und dadurch mehr Bewusstheit in die Meditation gebracht hast.

Zum Abschluss kannst du wieder zwei bis drei besonders achtsame Atemzüge nehmen, um die Meditation abzuschließen. Zähle dann, wie viele Perlen du in deiner Mala-Kette erfasst hast und bedanke dich für all die Momente der Bewusstwerdung. Du wirst merken, dass du durch diese Übung auch im Alltag konzentrierter und fokussierter wirst. Wichtig ist, dass du jetzt regelmäßig dranbleibst. Am besten führst du diese Übung täglich oder sogar zweimal am Tag aus. Gerade an den Tagen, an denen du scheinbar keine Zeit zum Meditieren hast, ist sie ganz besonders wichtig für dich. Gib deiner Meditationspraxis eine hohe Priorität in deinem Leben.

BIST DU BEREIT FÜR LEVEL 3?

Nun werden wir damit beginnen, nicht nur den Atem zu beobachten, sondern deine Achtsamkeit auf deinen Körper auszudehnen. Stelle sicher, dass du in der Lage bist, deinen Fokus stillzuhalten und deinen Atem stets im Zentrum zu lassen. Wenn du noch zu häufig von der Meditation abschweifst, dann bleibe noch für einige Tage bei den Übungen der vorherigen Stufe und versuche dir diese Fähigkeit aufzubauen. Mit dem Fokus ist es wie mit einem kleinen Welpen, den man erzieht. Er wird immer wieder von äußeren und inneren Reizen abgelenkt und läuft umher. Du musst ihn hunderte Male zu dir zurückholen, bis er lernt, bei dir zu bleiben. Hab deshalb Geduld mit dir. Mit kontinuierlicher Übung wird es dir mit der Zeit immer leichter fallen. Wenn du deinen Fokus bereits gut kontrollieren, deinen Atem in vollem Umfang wahrnehmen kannst und nun genügend Raum da ist, um mehr in dein Achtsamkeitsfeld hineinzulassen, dann heiße ich dich herzlich willkommen zu dieser Etappe.

STUFE 3

DER KÖRPER

WIE MEDITATION SUPERKRÄFTE FREISETZT

Kym war beeindruckt, als er um fünf Uhr morgens unseren Lehrplatz betrat und mich dort bereits in der Meditationshaltung sitzend vorfand.

»Willkommen zur dritten Etappe, Lady Buddha«, lachte er. »Ich bin stolz auf dich! Du scheinst deinen Fokus gut unter Kontrolle zu haben. Dein Atem fließt ruhig und gleichmäßig. Du gehst bereits in die richtige Richtung: zu deinem wahren Selbst. Du bist definitiv bereit für die nächste Lektion.«

Seine Worte beflügelten mich. Ich fühlte mich wie damals in der Schulzeit, als ich Klassenbeste war und Lob vom Lehrer bekam. »Was bringst du mir heute bei?«, wollte ich wissen.

»Wir werden unsere Achtsamkeit weiter ausdehnen, um mehr und mehr herauszufinden, wer wir wirklich sind. Unsere Körperwahrnehmung ist das, was direkt nach dem Atem kommt. Wie bei der Beobachtung unseres Atems haben wir unseren Körper immer und überall dabei und können in ihm jederzeit etwas wahrnehmen und spüren. Auch hier können wir beobachten, was da ist, und es in unsere Meditation mit einfließen lassen. Was hast du im Laufe der letzten Woche deines Meditationstrainings im Zusammenhang mit dem Körper beobachten können?«

Ich kicherte: »Nach etwa zehn Minuten schläft mir immer mein rechtes Bein ein. Und manchmal bekomme ich Schmerzen in meinen Knien. Dann wechsle ich die Meditationshaltung, so wie du es mir am ersten Tag empfohlen hast. Ich habe auch versucht, das voll bewusst zu machen. Das klappt auch ganz gut; ich konnte dabei mit meinem Atem in Verbindung bleiben.«

»Das ist sehr gut, Luisa. Doch es geht noch weit darüber hinaus. Du kannst noch viel mehr wahrnehmen als nur deinen Schmerz. Wenn du deine Achtsamkeit erweiterst, wirst du unendlich viele Eindrücke deines Körpers wahrnehmen können. Kannst du hier und jetzt deinen Herzschlag spüren?«

So direkt war mir das erst nicht möglich, deshalb schloss ich für einen Moment meine Augen und versuchte es erneut. »Wenn ich mich ganz stark darauf konzentriere, dann kann ich ihn ein bisschen wahrnehmen, ja.«

»Okay, kannst du auch deinen Blutfluss spüren?« Ich schaute Kym etwas verdutzt an. »Kannst du die Muskeln in deinem Magen wahrnehmen?«, fuhr er fort. »Oder die subtilen Bewegungen deiner Darmzotten? Nein? Wenn wir ganz achtsam sind, können wir sogar den Energieaustausch zwischen unserem Körper und der Erde spüren. Das erlaubt es uns, auf das volle Potenzial unseres Körpers zuzugreifen und wahre Superkräfte in uns zu wecken. Fast schon so wie in einem Superheldenfilm.«

Ich musste lachen. »Superkräfte? Welche sollen das denn sein?«

»Unverwundbarkeit, Immunität gegen Kälte, das Lesen von Gedanken oder Sehen ohne Augen«, antwortete Kym, als handelte es sich dabei um Selbstverständlichkeiten.

Sein Blick war zwar überzeugend, aber ich begann nun doch etwas an seinem Programm zu zweifeln: »Du willst mich doch veräppeln! Ich dachte, wir bleiben bei den wissenschaftlich erforschten Tatsachen.

»Ach, Luisa! Was du brauchst, ist mehr geistige Flexibilität. Ich erkläre dir das aus dem wissenschaftlichen Blickwinkel, damit du mir glaubst.«

»Na, da bin ich ja mal gespannt! Was war das doch gleich? Unverwundbarkeit?«

»Shi Yan Yao ist ein Meister im Shao-Lin Kung-Fu und ein Profi darin, seinen Körper und Geist weit über die Grenzen eines normalen Menschen zu bringen. Er kommt ursprünglich aus dem legendären Songshan Shaolin-Kloster, in dem sich viele Mönche verschiedenste Superkräfte antrainieren. Die Kunst der Shaolin besteht darin, durch Meditation sogenannte Chi-Kräfte im Körper zu mobilisieren und somit regelrecht übermenschliche Fähigkeiten freizusetzen. Okay, ich muss zugeben, ganz unverwundbar können sie nicht werden, aber zumindest einzelne Körperstellen resistent machen, sodass selbst massive Eisenstangen an ihrem Kopf zerbrechen oder spitze Speere nicht durch ihre Kehle dringen.«

Ich runzelte die Stirn. »Das ist schon sehr beeindruckend. Solche Dokus habe ich auch gesehen, aber was hat das mit Meditation und mit der Wissenschaft zu tun?«

»Diese Chi-Kräfte werden durch Meditation aktiviert. Und das wurde auch schon von modernen Wissenschaftlern untersucht. Dazu wurde Shi Yan Yao vor eine Wärmebildkamera gestellt und sollte das Chi in seine Hände leiten. Tatsächlich stieg seine Körpertemperatur an seinen Handflächen um zwei Grad an. In einem anderen Test wurde er beim Meditieren an ein EEG angeschlossen. Innerhalb von nur wenigen Sekunden konnte er seine Hirnströme willentlich steuern und zwischen verschiedenen Bewusstseinszuständen wechseln. Tiefste Entspannung oder körperliche Höchstleistung konnte er auf Knopfdruck abrufen.«

»Das klingt echt spannend! Und in der Tat, es ist wirklich ein klein bisschen wie im Superheldenfilm.«

»Das war noch nicht alles! Dem Niederländer Wim Hof macht Kälte scheinbar nichts mehr aus. Er hält inzwischen mehrere Weltrekorde: Beispielsweise lief er barfuß einen Halbmarathon, nur mit Mütze und Laufshorts bekleidet, nördlich des Polarkreises, tauchte 80 Meter unter arktischem Eis und versuchte – nur mit Shorts bekleidet – den Mount Everest zu besteigen.«

»Wow! Das klingt wirklich übermenschlich! Wie geht das denn?«, fragte ich erstaunt.

»Um diese extreme Kälte ertragen zu können, hat er gelernt, durch seinen Geist sein Blutgefäß- und Nervensystem zu kontrollieren. Dazu versetzt er sich in einen Trancezustand. Er konnte bei einem wissenschaftlichen Experiment zeigen, dass er seine Körperkerntemperatur auch nach 50 Minuten im Eisbad nahezu konstant halten konnte. Normale Menschen würden in einer solchen Situation bereits nach wenigen Minuten in eine ernsthaft lebensbedrohliche Lage geraten. Wim Hof sagt selbst, der Schlüssel zu dieser Fähigkeit liege in der Meditation. Nur so konnte er Zugang zu seinem Körper finden und diese Fähigkeit aus sich hervorbringen.«

»Okay, das klingt wirklich sehr eindrucksvoll. Doch nach so richtig echten Superkräften klingt mir das trotz allem noch nicht ganz. Vorhin erwähntest du: Sehen ohne Augen? Das kann doch nicht gehen …«

Kym lachte und wusste auch hier anscheinend, wie er meine Zweifel aus dem Weg räumen konnte: »Daniel Kish ist mit knapp einem Jahr erblindet, kann aber dennoch Fahrrad fahren oder ohne Blindenstock im Wald wandern gehen. Mit seiner Zunge erzeugt er einen Ton, der dann von der Umgebung reflektiert wird. Sein Gehirn hat also gelernt, diese Töne in Bilder zu übersetzen, sodass er regelrecht ›sehen‹ kann. Wenn er mit seinem Fahrrad durch den Wald fährt, so erzählt er selbst, kann er die Bäume um sich herum wahrnehmen. Er weiß, wie weit sie entfernt sind, und er kann sogar sagen, ob ein Baum einen dicken oder dünnen Stamm hat. Wie eine Fledermaus kann er quasi mit seinen Ohren sehen, und das sogar – im Gegensatz zu normalen Menschen – auch im Dunkeln.«

»Okay – das klingt wirklich schon wie eine Superkraft! Erzähl mir mehr über den wissenschaftlichen Hintergrund. Du weißt, nur das überzeugt mich wirklich!«

»Er wurde für ein paar Tests an einen Hirn-Scan angeschlossen, und die Forscher machten dabei eine verblüffende Entdeckung: Das visuelle Zentrum in Daniels Gehirn ist dabei aktiv, wie bei einem normal Sehenden. Dabei hat er Glasaugen und erhält keinerlei visuelle Reize. Sein Gehirn hat gelernt, auditive Signale ans visuelle Zentrum umzuleiten, die dann dort verarbeitet werden. Verstehst du jetzt, dass wir die Welt nicht so wahrnehmen, wie sie wirklich ist? Wir nehmen Reize aus unserer Umgebung auf, die in unserem Gehirn verarbeitet werden und so Bilder in unserem Kopf erzeugen. Darum ist es auch so wichtig unsere Achtsamkeit weiter auf unseren Körper auszudehnen. Es stecken so viele verborgene Fähigkeiten in uns. Ich möchte dir noch ein paar Beispiele nennen.«

»Ja, gut, das ist wirklich sehr spannend, erzähl mir mehr!«

»Herbert Nitsch ist sozusagen ein menschliches U-Boot. Er ist in der Lage, seine Atmung und seinen Sauerstoffverbrauch unter Wasser so zu regulieren, dass er fast so tief und lang tauchen kann wie ein Delfin.«

»Das klingt unglaublich!«

»Noch unglaublicher ist, dass er das nur mit einem einzigen Luftzug schafft. Fast zehn Minuten lang kann er unter Wasser den Atem anhalten. Herbert ist Apnoetaucher und hält mehrere Weltrekorde im Tiefseetauchen. Er tauchte bis auf 200 Meter hinab und hält dort das 20-fache des normalen Luftdrucks aus. Dabei hilft ihm eine besondere Meditationstechnik, die ihn in eine Trance versetzt. Er sagt selbst, dass beim Tiefseetauchen sein Blick nur nach innen gerichtet sei. Jeder ablenkende Gedanke könnte zu Panik führen und einen erhöhten Sauerstoffverbrauch verursachen, sodass Herbert nicht mehr an die Oberfläche gelangen würde.«

»Irre! Mich schüttelt es schon, wenn ich es mir nur vorstelle! Du sagtest anfangs auch etwas übers Gedankenlesen. Erzähl mir bitte noch etwas mehr darüber.«

»Sehr gerne! In gewisser Weise kann das jeder von uns intuitiv bis zu einem bestimmten Grad. Auch wenn wir unser Pokerface aufsetzen, drückt sich jeder unserer Gedanken und jedes Gefühl in einer kaum wahrnehmbaren Mimik aus. Wer in der Meditation besonders geübt ist, hat oftmals eine gesteigerte Wahrnehmung für kleinste Veränderungen in der Mimik der anderen Person.«

In der Wissenschaft spricht man von Mikroexpressionen, wenn kleinste Muskelbewegungen der Gesichtsmuskulatur in Sekundenbruchteilen passieren und mit dem menschlichen Auge kaum zu sehen sind. Laut dem Gehirnforscher Wolf Singer können Menschen, die in Meditation geschult sind, diese Mikroexpressionen besonders gut wahrnehmen.[35] Jan Becker ist in der Lage, diese feinen subtilen Reize wie ein Buch zu lesen. So fällt es ihm leicht, Lügner zu entlarven oder an geheime Informationen zu gelangen. Er ließ sich auf ein Experiment ein, ganz nach dem Motto: Suche die Nadel im Heuhaufen. In Berlin sollte er eine bestimmte Nadel finden – nur eine Person wusste, wo sie versteckt war.[36] Er fand die Nadel. Das Interessante dabei ist, was in seinem Gehirn passierte. Der Hirnforscher Marc Thioux fand heraus, dass Jan Beckers Spiegelneuronen besonders aktiv sind, während er sein Talent anwendet, und dass diese Gehirnregion bei ihm im Vergleich zu anderen Menschen deutlich vergrößert ist.[37]

Wie Jan Becker sind auch andere Menschen mit ganz besonderen Geisteskräften im Übrigen ganz normale Menschen – und legen den Gedanken nahe, dass vielleicht jeder von uns dieses besondere Potenzial in sich trägt.[38]

In einer Studie wurden den Teilnehmern Escherichia-coli-Bakterien verabreicht. Es zeigte sich, dass diejenigen Teilnehmer, die Meditations- und Atemtechniken erlernt hatten, weniger Krankheitssymptome entwickelten als die Kontrollgruppe. Das lässt vermuten, dass eine willentliche Beeinflussung des sympathischen Nervensystems, etwa durch Meditation, auch das Immunsystem beeinflussen kann.[39]

Zum »Sehen mit den Ohren« mit Hilfe der Klicksonar-Technik, wie es Daniel Kish praktiziert, gibt es die Bestätigung mehrerer Universitäten weltweit, dass die meisten Menschen nach wenigen Monaten Training in aktiver Echoortung in der Lage sind, Entfernung, Form und Material jedes Objektes zu differenzieren, ohne ihre Augen zu gebrauchen.[40]

Kym sah mich gespannt an: »Und? Sind das nicht wirklich magische Fähigkeiten?«

»Das ist zwar wirklich stark, doch ich glaube nicht an so etwas wie Magie. Schau, für all diese Superkräfte – wie du sie nennst – gibt es entweder eine wissenschaftliche Erklärung oder nicht.«

»Es gibt viele eindrucksvolle Fähigkeiten, die Meditation hervorbringen kann, die wissenschaftlich nicht erklärt werden können – zumindest noch nicht. Wirklich magisch scheint nur so etwas wie Aura sehen, Heilung oder intuitive Eingebungen zu sein, richtig? Also etwas, das nicht zu erklären ist. Vielleicht können Wissenschaftler mit den heutigen Mitteln nur noch nicht genau verstehen, was dabei passiert. Und vielleicht haben wir erst in vielen Jahren die wissenschaftliche Erklärung dafür. Verschwindet damit dann die Magie hinter dem Ganzen? In Wirklichkeit ist doch das gesamte Leben Magie. Wer durch Meditation mehr aus sich selbst macht, ganz egal, ob es sich nach Magie anhört oder nicht, hat wahrlich Superkräfte, die durch geistiges Training hervorgeholt wurden. Und jeder Mensch, der seit langer Zeit meditiert, kann eine oder mehrere solcher besonderen Fähigkeiten in sich wecken – auch du!«

»Dann erzähl mir doch bitte, was genau ist deine Fähigkeit? Und was glaubst du denn, welche Fähigkeit in mir verborgen liegt?«, fragte ich neugierig.

»Ich kann anderen Menschen sichtbar machen, was sie nicht sehen können. Ich helfe ihnen dabei, sich wieder daran zu erinnern, wer sie wirklich sind. Ich zeige ihnen, wie sie ihren Verstand überwinden und aus der Illusion aufwachen können. Deswegen bist du hier, deswegen machen wir dieses Training. Und ich kann deine persönliche Superkraft erahnen. Du hast eine sehr beruhigende Stimme und Art. Du bist ein echter Ruhepol. In deiner Anwesenheit fühlen sich Menschen gleich entspannt und mit dem Universum verbunden. Nutze das! Vielleicht wird dir das auf der Reise zu deinem wahren Selbst weiterhelfen. Lass uns nach der Antwort in dir suchen und deinen Körper etwas mehr ins Achtsamkeitsvisier nehmen.«

DEHNE DEINE ACHTSAMKEIT AUS

In der letzten Lektion hast du dich verstärkt mit deinem Fokus auseinandergesetzt und gelernt, wie du diesen wieder zurück zur Atmung bringen kannst. Außerdem hast du deine Achtsamkeit im Atem bündeln können. In dieser Lektion werden wir deine Achtsamkeit erweitern und deinen Körper tiefer in die Praxis einbeziehen.

Unser Körper ist unsere direkte Verbindung zur Erde und der Welt. Durch ihn können wir unsere Umgebung wahrnehmen und mit ihr interagieren. Wir können die Welt sehen, riechen, hören und spüren. Wir können durch das, was wir tun, die Welt verändern. Der Körper ist unser wichtigstes Instrument dafür. In ihm steckt eine ungeheure Intelligenz, die wir leider oft für allzu selbstverständlich nehmen. Damit wir unser Leben erhalten können, passieren sehr viele Dinge in unserem Körper absolut automatisch: die Verdauung, der Herzschlag, der Stoffwechsel usw. Um all diese Prozesse müssen wir uns nicht kümmern. Es ist wirklich sehr verblüffend, wenn man sich einmal tiefere Gedanken darüber macht. Unser Körper ist das perfekte Zusammenspiel aus vielen kleinen Zellen, die in synergetischer Beziehung zueinander stehen. Jede einzelne Zelle für sich ist ein Wunderwerk und fungiert wie ein einzelnes Lebewesen – ja, sogar wie eine ganze Stadt mit eigenem Energiekraftwerk, Transportsystemen, Bibliotheken,

Ärzten, Wissenschaftlern und Militär. Es ist unglaublich, wie sich unsere Atome, Moleküle und Zellen wie durch Magie anordnen und so das Gesamtbild unseres Körpers entsteht. Erst wenn wir beginnen, uns das Ausmaß vorzustellen, können wir erkennen, wie tief Intelligenz und Weisheit unseres Körpers reichen. Diese molekulare Intelligenz ist um ein Vielfaches größer als die unseres kognitiven Verstandes. In jedem DNA-Strang ist mehr Information gespeichert als in unserem Gehirn. Ich finde es schade, dass sich die meisten Menschen darüber nicht im Klaren sind. Sie sehen die Funktionsweise ihres Körpers als so selbstverständlich an, dass sie das Wunder in sich selbst gar nicht mehr wahrnehmen. Doch wir alle sind einmal aus der Verschmelzung einer Ei- und Samenzelle entstanden. In dieser einen Zelle, die dabei entstand, ist das enorme Wissen verborgen, wie sich alle weiteren Zellen teilen und anordnen müssen, um zu einem eigenständigen Lebewesen heranzuwachsen und so etwas wie ein Gehirn scheinbar aus dem Nichts zu erschaffen. Die meisten Menschen stellen sich mit ihrem vermeintlich intelligenten Verstand über die tiefgreifende Weisheit ihres Körpers. Sie übersehen die Tatsache, dass unser Verstand aus dieser molekularen Zellintelligenz aufgebaut ist. Einige Menschen sind so von ihrer scheinbaren Intelligenz geblendet, dass sie sogar die Hilferufe ihres Körpers ausblenden: Sie setzen sich zu viel Stress aus, erholen sich nicht ausreichend, ernähren sich ungesund, rauchen oder trinken viel Alkohol. Ein schlechter Lebensstil sorgt schnell für Diskrepanzen. Der Körper sendet Signale aus, dass etwas nicht stimmt: Müdigkeit bei Schlafmangel, Erkältungen bei Stress, Kopfschmerzen nach einem Alkoholrausch usw. Häufig ignorieren wir genau diese wichtigen Signale. Wir ignorieren sie sogar so lange, bis sie kaum mehr wahrgenommen werden. Die wichtigen Signale unseres Körpers geraten so in einen Bereich außerhalb unseres Achtsamkeitsfeldes. Dieses Fehlverhalten wurde über viele Jahre hinweg in unserem Verstand konditioniert. Es dient dem »Funktionieren« in einer Leistungsgesellschaft. Wenn wir aber langfristig die Signale unseres Körpers ignorieren, dann gerät dieser aus dem Gleichgewicht. Daraus kann viel Leid und letztendlich auch Krankheit entstehen.

Unsere Gesundheit ist das wichtigste Gut in unserem Leben. Wir haben nur diesen einen Körper. Gesundheit können wir uns nicht kaufen. Wir können sie auch nur sehr schwer wiederbekommen, wenn wir ihr einmal geschadet haben. Wenn Menschen gesund sind, wissen sie es oft gar nicht zu schätzen und gehen viel zu leichtfertig mit ihrem Körper um. Was hier hilft, ist Achtsamkeit unserem Körper gegenüber.

In dieser Stufe werden wir lernen, genau diese Achtsamkeit wiederherzustellen. Wir werden unseren Körper tiefer ins Gewahrsein nehmen und seine feinfühligen Signale wieder wahrzunehmen beginnen. Wir werden eine engere Beziehung zu unserem Körper aufbauen und lernen, verantwortungsvoll mit ihm umzugehen. So können wir viele körperliche Beschwerden auflösen und Volkskrankheiten wie Rückenschmerzen, Kopfschmerzen, Bluthochdruck, Depressionen, Herz- und Kreislaufbeschwerden und vieles mehr lindern. Wenn du an einer Krankheit leidest, dann kann dir Meditation bei der Therapie helfen. Sie kann zwar den Besuch beim Arzt nicht ersetzen, aber sie kann dich bei der Genesung stark unterstützen. Das Achtsamkeitstraining hilft dir dabei, deinen Körper wieder besser wahrzunehmen und zu lernen, wie du auf seine Signale hören kannst. Das Wichtigste dieser Lektion ist, dass du lernst, dich richtig zu entspannen. Wir halten so viel Spannung in unserer Muskulatur, auch wenn es uns kaum auffällt. Je tiefer wir in die Körperwahrnehmung kommen, desto mehr wird uns klar, welche Spannungen wir ins uns tragen. Sind wir uns erst einmal bewusst, wo sie sitzen, fällt es uns leichter zu deuten, woher sie kommen, was sie uns sagen wollen und wie wir sie wieder loslassen können.

Wichtig während der Meditation ist eine wertfreie Haltung. Wir neigen ganz automatisch dazu, all unsere Erlebnisse und Empfindungen zu kategorisieren. Wir bewerten jede Situation ganz unbewusst. Das löst in uns Gedanken und Emotionen aus, die uns von der Meditation ablenken können. Versuche deshalb, diese Beurteilungen zu akzeptieren und loszulassen.

Hier ein Beispiel: Du sitzt in deiner Meditationshaltung und spürst, wie Ungeduld in dir aufkommt. Das macht die Meditationsübung unangenehm, und du würdest sie am liebsten abbrechen. In dir kommen die entsprechenden Gedanken und Gefühle hoch. Wenn du nun beginnst zu werten, übernehmen die Gedanken und Gefühle die Kontrolle. Vermutlich werden sie dann so stark und unangenehm, dass du die Meditationsübung tatsächlich abbrichst. Wenn du dieser Ungeduld jedoch ohne zu werten gegenübertrittst, kannst du mit voller Neugier und Akzeptanz deine innere Welt erforschen. Dann kannst du auch die negativen Gedanken und Gefühle einfach beobachten, ohne dass sie zu stark auf dich wirken und dich ungewollt beginnen zu beeinflussen.

Du solltest immer bedenken, dass wir uns in der Meditation in die Beobachterposition begeben. Wir sehen uns das an, was im gegenwärtigen Moment präsent ist. Nicht mehr, aber auch nicht weniger. Wir schauen uns dabei nicht nur die positiven Dinge, sondern auch die negativen an. Das ist wichtig, da wir in einer polaren Welt leben. Es gibt kein Positiv ohne Negativ, wir können nicht wissen, was warm ist, wenn wir die Kälte nicht kennen. Wir können nicht verstehen, was hell ist, wenn wir den Kontrast zum Dunklen nicht haben. Gutes und Schlechtes gehören gleichermaßen zum Leben dazu. Das ist eine tiefe Weisheit, die Menschen bereits vor Jahrtausenden begriffen haben. Das Gute verbirgt sich in schlechten Erfahrungen, und Negatives geht aus dem Positiven hervor. Das sehen wir im Yin-Yang-Symbol. Es verdeutlicht das Gesetz der Polarität. Gutes und Schlechtes gehen ineinander über. Die schwarzen und weißen Punkte in der Mitte symbolisieren, dass Gutes im Schlechten und Schlechtes auch im Guten enthalten ist.

In unserem Alltag versuchen wir meistens, das Negative aus unserem Leben auszuschließen. Wir versuchen uns vor Schmerzen oder negativen Gedanken und Gefühlen zu verstecken. Darauf kommt es im Leben aber nicht an. Wir müssen sowohl das Positive als auch das Negative vollkommen akzeptieren und annehmen. Nur so können wir Veränderung in unserem Leben bewirken. Nur so können wir auch lernen, mit negativen Situationen richtig umzugehen. Negative Erfahrungen können uns vielfach von Nutzen sein: Sie können uns darauf hinweisen, dass wir nicht unserer wahren Bestimmung folgen. Sie können uns dazu bewegen, etwas in unserem Leben zu verändern. Sie können uns dabei helfen, die notwendige Disziplin und den Ehrgeiz zu entwickeln, um aus einer misslichen Lage auszubrechen. Das Gute ist, wie bereits erwähnt, auch im Negativen verborgen.

Unser Körper sendet immerzu Signale an uns aus. Positive wie auch negative. Wenn wir Schmerz oder Unwohlsein wahrnehmen, dann möchte unser Körper uns auf etwas aufmerksam machen. So signalisieren uns gute Empfindungen, was gut für uns ist. Versuche daher in den kommenden Meditationen wertungsfrei die positiven, negativen und auch neutralen Empfindungen wahrzunehmen. Dabei schulen wir die Beobachtung, ohne dabei zu tief in analytische Gedankengänge zu verfallen. Wir nehmen einfach das wahr, was da ist.

AKTIVE MEDITATION: **DIE SCHÜTTEL-MEDITATION**

Die folgende Übung hilft uns dabei, angesammelten Stress und Anspannungen im Körper, aber auch im Geist loszulassen. Sie wird in diversen Variationen, verschiedenen Kulturen und seit vielen Jahrzehnten genutzt. Besonders populär wurde sie durch die TRE-Methode (Tension and Trauma Releasing Exercises) von David Berceli und die Kundalini-Meditation von Osho.

Diese Übung erlaubt es uns, unseren Körper immer besser wahrzunehmen und die Entspannung in alle Körperteile zu bringen. Durch das Schütteln aktivieren wir unser parasympathisches Nervensystem und senden unserem Gehirn das Signal herunterzufahren und loszulassen. Außerdem kommt unser Lymphsystem in Bewegung, was unserem Körper hilft, im Körper angesammelte Toxine loszuwerden.

Die Meditation wird im Stehen durchgeführt und wechselt zwischen einem aktiveren und einem passiveren Part. Deshalb empfiehlt sich hierfür eine spezielle geführte Musik, die du unter dem abgedruckten QR-Code findest.

https://www.highermind.de/buch-m3/

Sie hilft dir dabei, besser loszulassen, dich zum Takt zu bewegen und das richtige Timing zwischen der aktiveren und passiveren Phase einzuhalten. Die Übung kann aber auch ohne Musik durchgeführt werden.

Such dir einen bequemen stabilen Stand und achte darauf, dass du um dich herum genügend Platz hast, um dich frei zu bewegen. Wenn die Musik startet, beginnst du damit, langsam und locker auf der Stelle zu laufen. Die Musik hilft dir dabei, in Bewegung zu bleiben. Lass deinen Körper völlig locker und entspannt. So locker, dass deine Arme, dein Oberkörper und dein Kopf in ein sanftes Schütteln übergehen. Rüttle deinen Körper im Takt der Bewegung und zur Musik und lass dabei alle Anspannungen im Körper los. Erlaube dir, dich völlig frei zu fühlen, und lass dich auf diese ungewöhnliche Meditationstechnik ein. Beobachte einfach, wie sich dein Körper immer weiter lockert, und spüre in jede Bewegung und in die Musik hinein. Löse insbesondere die Anspannungen im Mund, dem Kiefer, den Lippen, den Schultern und den Augen. Spüre, wie dein Herzschlag schneller wird, wie du langsam ins Schwitzen kommst und dein Atem intensiver wird. Beobachte alle körperlichen Prozesse und lass sie Teil der Meditation werden.

Nach ca. zwei bis drei Minuten stoppt die Musik. Bleib nun still stehen und lass den ganzen Körper atmen. Fokussiere dich auf die Beobachtung deines Körpers und nimm wahr, was immer du hier fühlen kannst. Vielleicht spürst du deinen Herzschlag, deinen tiefen Atem, deine gelockerte Muskulatur oder die aktivierte Energie, die durch deinen Körper fließt und dich von innen aufheizt. Verbinde dich mit der Bauchatmung, spüre deinen stabilen Stand und die Verbindung zur Erde. Sei der Körper selbst und versuche diesen voller Neugierde aus der Vogelperspektive zu erforschen.

Sobald die Musik wieder einsetzt, beginnst du erneut mit der aktiven Phase und schüttelst deinen Körper achtsam auf der Stelle. Führe auf diese Weise drei bis fünf Runden aus. Es ist empfehlenswert, den Body Scan – den ich dir gleich noch vorstellen werde – direkt im Anschluss an diese Übung durchzuführen, um noch tiefer in die Körper-Beobachtung zu gelangen.

ERWEITERUNG

Wenn du mit der Basisanleitung vertraut bist, kannst du der Übung Folgendes hinzufügen: Intensiviere das Laufen in der aktiven Phase ganz nach deinem Ermessen, um den Atem zu vertiefen und den Körper ohne Kontrolle oder Einschränkungen immer lockerer und entspannter zu bekommen. Hebe die Beine ganz nach deiner Konstitution immer höher und bringe die Knie, wenn möglich, bis zur Brust. Versuche alle Körperteile intensiv durchzuschütteln, sodass du vollkommen in der Bewegung aufgehst. Die Übung kann dann durchaus anstrengend werden. Lass dies zu, auch wenn dein Körper beginnt zu schwitzen, dein Puls steigt und du etwas aus der Puste kommst. Versuche weiter in Bewegung zu bleiben, auch wenn dein Körper scheinbar nicht mehr kann. Versuche dann ganz besonders, alle Anspannung im Körper loszulassen und aus dir herauszuschütteln. Aktiviere nur die Muskelgruppen, die für diese spezifischen Bewegungen notwendig sind, und lass alles andere los. Versuche gedanklich nur deine Energie zu bewegen und lass den Körper einfach folgen.

Wenn die Musik stoppt und du in die passive Phase übergehst, kannst du deine Arme diesmal langsam ausgestreckt über den Kopf heben (ähnlich wie zum Atemgruß). Lass deine Handgelenke, die Schultern und die Gesichtsmuskeln locker und entspannt. Diese Haltung erlaubt es dir, tief in deine oberen Lungen zu atmen und deinen Herzschlag stärker zu spüren. Stell dir vor, wie du dich so mit der kosmischen Energie verbindest, die durch deine oberen Energiezentren (Chakren) bis zum Herzen strömt. Nimm auf

Auch spannend: Wenn du mehr über unsere sieben Chakren, unsere Energiezentren, erfahren willst, dann möchte ich dich ganz herzlich dazu einladen, diesen Workshop dazu anzusehen. Du findest ihn unter diesem QR-Code.

https://www.highermind.de/buch-m4/

diese Weise deinen Oberkörper ganz intensiv wahr und beobachte hier, was immer auch da ist. Lass vor allem Anspannungen im Gesichts- und Nackenbereich los. Nach einigen intensiven Atemzügen kannst du deine Arme wieder langsam senken und dich nun auf deine unteren Energiezentren (Chakren) fokussieren. Spüre die Erdung und wie die Energie über deine Beine bis hoch zum Herzchakra strömt. Atme tief in deinen Bauch hinein und beobachte auch hier die Reize, die in Verbindung zu deinem Körper stehen. Lass alle Anspannung bewusst mit jedem Ausatmen los und komm immer tiefer in die Ruhe und Gelassenheit. Löse besonders die Verspannungen im unteren Bauchbereich und in der Hüfte.

PASSIVE MEDITATION: **DER BODY SCAN**

Diese Meditationstechnik hilft dir dabei, deine Achtsamkeit auf den Körper auszudehnen. Du lernst, deinen Empfindungen wertungsfrei gegenüberzustehen, sie anzunehmen und loszulassen.

Begib dich dafür in deine Meditationshaltung. Für diese Meditation bietet es sich auch an, dass du dich auf den Rücken legst. Du kannst sie aber auch im Sitzen durchführen. Gerne kannst du sie im Laufe der nächsten Tage im Liegen und dann im Sitzen ausprobieren. Leite die Meditation wie gewohnt mit drei tiefen und besonders achtsamen Atemzügen ein.

Richte deinen Fokus zunächst auf deinen Atem und lasse ihn ganz intuitiv in deinen Bauch fließen. Schließe deine Augen für diese Übung, damit du deine körperlichen Eindrücke besser wahrnehmen kannst. Lenke dann deine Aufmerksamkeit auf deine Sitz- oder Liegefläche und nimm hier den Kontakt zu deinem Körper ganz achtsam wahr. Wo ist die Grenze deines Körpers, wo beginnt bereits die Unterlage? Entwickle auf diese Weise ein Gewahrsein für deinen Körper. Dies dient dir als Einstieg in den Body Scan. Richte zum Start deine Aufmerksamkeit wie einen Scheinwerfer auf deine linken Zehen. Spüre in sie hinein und nimm wahr, was immer du dort spürst. Vielleicht ist da eine Art Kribbeln, vielleicht berühren sich alle Zehen. Auch wenn du nichts spüren solltest, ist das vollkommen in Ordnung. Nimm einfach das wahr, was da ist. Lenke daraufhin deine Aufmerksamkeit deinen linken Fuß entlang zu deiner Ferse und nimm auch dort wahr, was du spüren kannst. Vielleicht nimmst du hier besonders den Kontakt zum Boden oder zur Unterlage wahr.

Spüre auch deinen linken Fuß in seiner Gesamtheit. Konzentriere dich auch auf die innere Wahrnehmung. Wandere mit deinem Fokus weiter in Richtung Wade und sei offen für die Wahrnehmungen in diesem Bereich. Bewege deinen Fokus weiter in Richtung Knie und lass ihn dann langsam durch deinen Oberschenkel laufen. Vielleicht kannst du Spannungen wahrnehmen, die du mit Hilfe deiner Atmung lösen kannst. Beim Ausatmen kannst du die Muskulatur lockern, indem du gedanklich loslässt. Überall, wo der Scan bereits durchgelaufen ist, darf ein Gefühl der Lockerheit und Entspannung verbleiben.

Richte den Scheinwerfer der Achtsamkeit nun auf dein rechtes Bein. Beginne auch hier wieder mit deinen Zehen und wandere mit deinem Fokus durch deinen Fuß bis zur Ferse. Nimm wahr und beobachte. Geh weiter in Richtung Knie, an deiner Wade entlang. Dann weiter auf deinen rechten Oberschenkel, und lass auch hier jegliche Anspannung los. Falls deine Aufmerksamkeit abschweifen sollte, kannst du über deinen Atem wieder in die Meditation einsteigen und dort weitermachen, wo du stehen geblieben bist.

Konzentriere dich daraufhin auf deinen Hüftbereich, dein Gesäß, deine Genitalien und auch deinen Unterbauch. Spüre auch in deinen Verdauungstrakt hinein und nimm achtsam wahr, was du in deinem Unterkörper spüren kannst. Lass den Scan weiter hochwandern, spür deinen Bauch, nimm wahr, wie deine Bauchdecke sich mit jedem Atemzug hebt und senkt. Dein Rücken schenkt dir Stabilität. Nimm auch hier alle Empfindungen wahr. Lass den Fokus langsam immer weiter hochwandern. Die Rippen entlang, deinen Rücken und deine Brust hinauf. Wenn du besonders achtsam bist, kannst du vielleicht auch deinen Herzschlag spüren oder wahrnehmen, wie sich deine Lungenflügel füllen und dich mit Sauerstoff versorgen. Wandere weiter bis zu deinen Schultern und dem Nacken.

Von hier aus kannst du den Scan weiter durch den linken Arm wandern lassen. Zunächst durch die linke Schulter, dann in Richtung Oberarm. Vom Ellenbogen macht sich die Entspannung dann bis zu deiner linken Hand breit. Nimm wahr, wie dieses wundervolle Gefühl bis zu den Fingerspitzen vordringt.

Spring mit der Achtsamkeit von der linken Hand zu deinen rechten Fingerspitzen und lass hier den Scan langsam nach oben durchwandern: die Finger entlang in deine Hand, dann den Unterarm und langsam den Oberarm hoch. Dann weiter zu den Schultern, bis du wieder bei deinem Nacken angekommen bist. Nimm wahr, was du hier spüren kannst, und geh auch hier in die tiefe Entspannung.

Von deinem Nacken aus wanderst du den Hals entlang bis zu deinem Kiefer und beobachtest, wie der Scan dein Gesicht hochläuft. Lass alles locker und spür die Gelassenheit, die sich ausdehnt. Deine gelockerte Muskulatur im Gesicht hinterlässt ein leichtes Lächeln des Wohlbefindens. Ein Zustand voller Frieden stellt sich ein. Deine Augen kannst du gerne leicht und intuitiv bewegen. Das hilft dir, Anspannungen in diesem Bereich zu lösen. Lass deine Achtsamkeit die Schädeldecke weiter hochwandern, bis der Scan abgeschlossen ist und du die tiefe Entspannung im ganzen Körper genießen kannst.

Zuletzt kannst du deinen Körper in seiner Gesamtheit wahrnehmen. Sei dir aller Empfindungen, die du spüren kannst, bewusst und nimm sie einfach wahr, wie sie sind. Lass in das Zentrum deiner Achtsamkeit lediglich körperliche Eindrücke oder den Atem hinein. Wenn deine Aufmerksamkeit abschweift, führe sie wieder über deinen Atem zurück zu deinem Körper. Der Atem ist wie ein Anker, der dich immer wieder zur Übung zurückholen kann.

Schließe die Übung mit zwei bis drei tiefen und besonders achtsamen Atemzügen ab, um wieder im Alltag anzukommen. Gerne kannst du dich auch ein wenig strecken. Öffne dann deine Augen und steh langsam auf. Alternativ kannst du auch noch einen Moment liegen blieben und die angenehmen Gefühle in dir weiterhin genießen.

Führe auch diese Meditation ein- bis zweimal täglich durch, bis du deinen Körper ohne große Anstrengung im Fokus deiner Achtsamkeit halten kannst. Du lernst durch diese Übung, deine Achtsamkeit bewusst auszudehnen und deinen Fokus zu steuern. Probier die Übung auch gerne in anderen Positionen aus. Wichtig ist auch, dass du dich nicht auf die hier vorgegebene Anleitung versteifst. Gerne kannst du den Body Scan nach deinem eigenen System durchführen. Du musst also nicht zwanghaft nach der hier vorgestellten Reihenfolge vorgehen, sondern kannst frei entscheiden, wie du deine Körperregionen »scannen« möchtest. Wichtig ist hier nur, dass du lernst, deine Achtsamkeit auszudehnen und deinen Fokus durch deinen Körper wandern zu lassen.

BIST DU BEREIT FÜR LEVEL 4?

Du solltest nun in der Lage sein, deinen Körper in seiner Gesamtheit wahrzunehmen und auch kleinste Empfindungen darin zu spüren. Wenn es dir leichtfällt, deinen Fokus bei dir zu halten, ihn ganz bewusst durch deinen Körper zu lenken und dabei nicht mehr so oft abzuschweifen, dann ist es an der Zeit, deine Achtsamkeit über die Grenzen deines Körpers hinaus auszudehnen. Fahre erst mit dieser Lektion fort, wenn du keine Schwierigkeiten mehr damit hast, Anspannungen im Körper loszulassen und schnell in entspannte Zustände zu finden. Es ist auch wichtig, dass du dir aneignen konntest, dass nur körperliche Eindrücke und der Atem im Zentrum deiner Achtsamkeit liegen sollten. In dieser Lektion werden wir lernen, richtig mit Reizen aus der Umgebung umzugehen und diese in unsere Meditation mit einfließen zu lassen.

STUFE 4

DIE UMGEBUNG

WIE MEDITATION ERFUNDEN WURDE

Ich freute mich auf den Beginn der neuen Woche. Das bedeutete, dass mich heute eine neue Lektion erwartete. In den letzten Tagen hatte ich gelernt, wie ich mich vollständig entspannen konnte. Mir wurde klar, wie viel unnötige Spannung ich in meinem Körper trug – jetzt konnte ich sie endlich loslassen. Das Leben fühlte sich immer leichter an und ich spürte, dass ich die Vergangenheit immer mehr loslassen konnte.

»Kym, deine Meditationen wirken! Meine Ängste und Sorgen werden weniger. Ich spüre das Leben immer mehr, und alles hat so eine gewisse Leichtigkeit bekommen. Ich danke dir dafür!«

»Danke nicht mir, danke dir selbst! Du bist diejenige, die sich täglich auf das Meditationskissen setzt und jeden Tag weitere Schritte in Richtung wahres Selbst geht. Du bist also bereit für die nächste Lektion, ja?«

Ich nickte und in meinem Gesicht breitete sich ein Lächeln der Vorfreude aus.

»Was schätzt du, wie alt Meditation eigentlich ist? Die richtige Antwort ist sehr wichtig für das Thema dieser neuen Etappe.«

»Na ja, in den letzten 50 Jahren ist Meditieren sehr populär geworden, aber ich denke, es ist schon viel älter. Wie lange ist das schon mit Buddha her? War er vielleicht der Erfinder der Meditation?«

»Gut getippt, doch es stimmt nicht ganz! Die Meditation ist noch viel älter. Bereits vor ca. 3000 Jahren wurde in den ältesten Schriftwerken der Menschheit – den Upanishaden – davon geschrieben. Doch in der Tat war es der Buddha, der die Meditation in aller Welt bekannt gemacht hat. Er ist die bekannteste historische Person, die mit Meditation in Verbindung steht. Deshalb möchte ich dir seine Geschichte erzählen, bevor ich das Geheimnis lüfte, wie alt Meditation wirklich ist.«

»Unbedingt! Ich wollte schon immer mehr über den Buddha erfahren.« Ich machte es mir etwas bequemer und stützte meinen Kopf auf meiner Handfläche ab.

»Vor etwa 2500 Jahren lebte ein Prinz namens Siddhartha Gautama, der Sohn einer Adelsfamilie, die im alten Staat Kapilavastu regierte. Dieser liegt an der Grenze zwischen dem heutigen Indien und Nepal. Nach Siddharthas Geburt brachte sein Vater ihn zu einem Seher, um seine Zukunft vorhersagen zu lassen. Dieser stellte die Behauptung auf, dass aus Siddharta entweder ein mächtiger König oder ein Heiliger werden würde. Sein Vater wünschte sich nichts sehnlicher, als dass Siddharta sein Nachfolger werden und an seiner Stelle das Land regieren sollte. Fortan versuchte der Vater, ihn von leidgeprägten Situationen fernzuhalten, um ihn daran zu hindern, den Weg des Heiligen einzuschlagen. Deshalb ließ er Siddharta in einem prunkvollen Palast leben, in dem ihm all seine materiellen Wünsche erfüllt wurden. Im Alter von 16 Jahren heiratete Siddharta die Prinzessin Yasodhara und wurde im Alter von 29 Jahren Vater eines Sohnes namens Rahula. Doch wirklich glücklich war Siddhartha nie. Kurz nach der Geburt seines Sohnes verließ er das vermeintlich sorglose Leben und begab sich auf Wanderschaft in der Umgebung. Zuerst traf er auf einen Greis, der am hohen Alter litt. So etwas sah er zum ersten Mal, da sein Vater dafür gesorgt hatte, das ältere Personal aus dem Palast zu verbannen, um Siddharta davor zu bewahren, Antworten auf das Leiden in der Religion zu suchen. Auf einer weiteren Wanderung traf er auf einen Kranken. Er verstand, dass er als reicher Mann zwar besser vor Krankheiten geschützt, aber auch nicht komplett immun dagegen war. Bei einer dritten Reise konnte er die Verbrennung einer Leiche beobachten. Dabei wurde ihm bewusst, dass der Tod auch ihn eines Tages holen würde. Alter, Krankheit, Schmerz und Tod sind untrennbar mit dem Leben verbunden. Siddharta erkannte, dass kein Reichtum der Welt ihn vor diesem Leid schützen konnte.«

Ich verzog das Gesicht: »Das war ja gemein von seinem Vater, ihn von allem wegzusperren. Es war doch klar, dass er es eines Tages erfahren würde.«

»Ja, und das hat ihn auch zum Umdenken gebracht. Denn bei seiner vierten Wanderung traf er auf einen Asketen, der davon erzählte, wie man durch Meditation zu tiefem Glück gelangen konnte. Siddhartha, der sein Leben lang unerfüllt war und von jeglichem Leid der Menschheit abgeschottet wurde, verließ ab diesem Zeitpunkt den Palast und sein adeliges Leben. Als armer Bettelmönch suchte er nach der Erleuchtung, die ihn vom Leid befreien und zu wahrem Glück verhelfen sollte. Sechs Jahre lebte er im Gangestal, widmete sich der Askese und verhungerte fast.

Einst lauschte er einem Musiklehrer, der einen Schüler etwas über Gitarren lehrte. Der Lehrer erklärte, dass eine zu locker gespannte Saite keinen guten Ton zustande kommen lässt. Spannt man die Saite allerdings zu fest, so reißt sie. Siddhartha übertrug diese Weisheit auf sein Leben, und ihm wurde klar, dass er es, wie die Saite der Gitarre, in seinem früheren Leben als Prinz zu locker hatte. Seitdem er sich der Askese widmete, zog er die Saite seines Lebens jedoch zu fest an. Fortan wählte er den Weg der goldenen Mitte. Im Alter von 35 Jahren saß er in einer Vollmondnacht unter einem Pappelfeigenbaum und meditierte, bis er schließlich zur Erleuchtung kam. 45 Jahre lang lehrte Siddhartha im Nordosten Indiens seine neugewonnene buddhistische Philosophie: Die vier edlen Wahrheiten, den edlen achtfachen Pfad und den mittleren Weg zwischen Luxus und Askese. Im

Alter von 80 Jahren soll er der traditionellen Überlieferung nach im Nirvana verstorben sein.

Das Ziel des Buddhismus ist die Befreiung von Leid, die Überwindung des Ego-Denkens und das Erlangen von Bodhi, also Erwachen. Buddha ist also korrekt gesehen kein Eigenname, sondern die Bezeichnung für einen erwachten Menschen. Buddhas gibt es heute also viele, und vielleicht wirst du eines Tages auch zu einem Buddha.« Er zwinkerte mir zu, und ich hatte das Gefühl, dass er selbst diesen Zustand des Erwachens erlebt hatte.

»Der Weg der goldenen Mitte also? Ist das der Weg zur Erleuchtung?«

»Das könnte man so sagen! Es ist zumindest eine sehr hilfreiche Lebensphilosophie und bringt dich deinem wahren Selbst näher. Nutze sie!«

»Das mit der Erleuchtung klingt sehr spannend. Was genau ist das? Wie kann ich mir das vorstellen?«

»Für die Erleuchtung gibt es im Fernöstlichen viele Begrifflichkeiten: Moksha, Samadhi, Bodhi, der Eintritt ins Nirwana ... Wir Māoris sagen auch Māramatanga dazu. Die Meditationspraxis soll den Geist öffnen und dazu verhelfen, hinter die Kulissen des Verstandes zu blicken. Die Ich-Identifizierung – das Ego – beginnt sich aufzulösen, während lediglich das Sein, der Urgrund der Existenz, präsent bleibt. Dieser erleuchtete Zustand kann auch dir während unseres Achtsamkeitstrainings widerfahren. Diese kurzen Einblicke in die Erleuchtung werden auch Satori genannt. Viele Mönche, die an die Wiedergeburt glauben, berichten davon, dass die vollkommene Erleuchtung selten in einem einzigen Leben erreicht werden kann. Sie lehren, dass es dafür einer tieferen Meditationspraxis über mehrere Leben hinweg bedürfe. Mehr dazu werde ich dir aber noch in den nächsten Wochen erklären. Ich glaube, ich bin etwas abgeschweift. Worauf wollte ich doch gleich hinaus?«

»Ich glaube, du wolltest mir erzählen, wie alt Meditation eigentlich ist und wer sie erfunden hat.«

»Richtig! Meditation wurde nie erfunden, sie liegt in unserer Seinsnatur. Schau doch nur mal in die Tierwelt. Jeder Hund, jede Katze und jeder Vogel sind in tiefer Meditation. Sie leben voll und ganz im Hier und Jetzt. Sie sitzen zwar nicht mit verschränkten Beinen und geschlossenen Augen am Boden, aber sie sind stets mit ihrer wahren Seinsnatur verbunden. Sie haben nie vergessen, wer sie wirklich sind. Sie sind Teil der Natur und des ökologischen Kreislaufs. Meditation wurde also nie erfunden, sondern sie war schon seit Anbeginn unserer Existenz ein wesentlicher Bestandteil unserer selbst. Nur wir Menschen haben begonnen, uns von der Natur wegzubewegen. Wir haben diesen Seinszustand immer mehr vergessen und uns zu sehr mit unserem Ego identifiziert. Doch in Wahrheit sind wir das nicht! Wir sind keine getrennten Wesen, auch wenn es optisch den Eindruck macht. Wir und unsere Umwelt sind eins. Deswegen werden wir in dieser Woche damit beginnen, unsere Achtsamkeit auf unsere Umwelt auszudehnen und diese Verbindung wieder wahrzunehmen.«

ÜBER DEINE KÖRPERLICHEN GRENZEN HINAUS

In der letzten Lektion hast du gelernt, wie du die Achtsamkeit von deinem Atem auf deinen Körper erweitern kannst. In diesem Kapitel gehen wir noch einen Schritt weiter und dehnen deine Achtsamkeit auf deine Umgebung aus.

Jeder von uns erlebt den ein oder anderen stressigen Tag. Für manche Menschen ist das sogar Alltag. Ihr Terminkalender ist voll, ihr Fokus ist ständig auf Arbeit, soziale Verpflichtungen oder soziale Medien gerichtet. Versuch dich mental an einen solchen Tag in deinem Leben zu erinnern. Fällt dir dabei auf, dass du an diesem Tag vermutlich kaum etwas von deiner Umgebung mitbekommen hast? Hast du die Vögel auf den Bäumen zwitschern hören? Hast du den Wind gespürt, der durch deine Haare streifte? Hast du das Wetter wahrgenommen? Die Sonne, die dir ins Gesicht schien, oder den Regen, der auf deine Haut tropfte? Vermutlich warst du zu beschäftigt, um dich für die Schönheit dieser Momente zu öffnen. In stressigen Situationen neigen wir dazu, unsere äußeren und inneren Eindrücke einzudämmen und unseren Fokus krampfhaft auf den Stress selbst zu richten. Natürlich sind Termine, Arbeit und soziale Kontakte sehr wichtig. Es ist aber mindestens ebenso wichtig, in seiner gesunden Mitte zu bleiben. Dazu ist es hilfreich, die eigene Achtsamkeit über den

Atem und den Körper hinaus weiter auszudehnen und sich mit der Umgebung zu verbinden.

Was bedeutet das? Spätestens seit der Industrialisierung glaubt der Mensch, dass er von der Natur abgeschnitten sei. Das hat zu vielfältigen Problemen in der Welt geführt. Wir gehen mit unserem Planeten nicht gerade pfleglich um. Wir holzen Baum für Baum ab, obwohl wir wissen, dass die Wälder unsere Lungen sind. Wir verschmutzen unser Wasser durch Mikroplastik, Medikamentenrückstände oder Hormone, obwohl wir wissen, dass dieses Wasser früher oder später zurück in unseren Körper fließen wird. Wir verseuchen die Böden, aus denen unsere tägliche Nahrung wächst, mit Pestiziden und Schwermetallen. Die Wahrheit ist, dass wir sehr eng mit der Natur verbunden sind. Das wird auch so bleiben, weil wir für immer ein Teil von ihr sein werden. Wenn wir sie zerstören, zerstören wir damit auch uns selbst. Wenn der Mensch nicht lernt, seine unbewusste, Ressourcen vernichtende Lebensweise zu verändern, werden wir alle nicht überleben können. Wir alle können aber etwas tun, um aus dieser Misere auszubrechen. Wir müssen wieder damit beginnen, ein Teil der Natur zu werden. Genau das schaffen wir durch Achtsamkeit. Ich weiß, es ist ein großes gesellschaftliches Problem, aber jeder Einzelne trägt einen Teil der Verantwortung. Wenn jeder Einzelne achtsamer mit der Natur und dem Planeten umgeht, können wir uns retten. Das zeigt, wie wichtig es ist, unsere Achtsamkeit auszudehnen und auf die Natur auszuweiten. Es hilft uns, wieder eine Verbindung mit ihr herzustellen.

Abgesehen von der ethischen Verpflichtung hat die Verbundenheit zur Natur auch noch ganz praktische Vorteile für dein Leben. Hast du schon einmal versucht, etwas Bestimmtes krampfhaft zu erzwingen, das dir einfach nicht gelingen wollte? Manchmal zerbrechen wir uns den Kopf, ohne eine Lösung zu finden. Erst wenn wir lockerlassen, eine kurze Pause machen oder die Aufgabe ruhen lassen, fällt uns die Lösung ein. Manchmal fällt sie uns sogar ohne große Anstrengung einfach in den Schoß. Sicher hast du so etwas auch schon erlebt. Es ist in etwa so, wie wenn du beim Sport oder bei einem Spiel den Gegner zwanghaft zu besiegen versuchst, dir damit aber eher selbst im Wege stehst. Wenn du zu verbissen bist, ständig jede Einzelheit versuchst zu analysieren und bewusst zu kontrollieren, versperrst du dir den Zugang zu deiner Intuition. Du kannst dann deinen inneren Fähigkeiten nicht vertrauen und dich nicht für die Lösung öffnen, die tief in dir steckt. Wir versuchen in unserem Leben viel zu viel mit unserem Verstand unter Kontrolle zu bringen. Wir bewerten und planen, denken und überdenken. Rund um die Uhr sind wir damit beschäftigt, jede freie Minute unseres Lebens. Wir sind regelrecht abhängig davon geworden, ständig zu denken, neue Reize aufzunehmen und irgendetwas tun zu müssen. So abhängig, dass wir ganz unruhig werden, wenn es mal nichts zu tun gibt und wir innerlich eigentlich herunterfahren und zur Ruhe kommen könnten. Unsere Achtsamkeit ist in solchen Momenten wie weggeblasen. Im Fokus stehen nur unsere Probleme, und der Verstand dreht sich permanent im Kreis. Es kommen Ängste und Sorgen auf, die für uns weitere Probleme darstellen und unsere Achtsamkeit noch weiter binden. Wir sind dann nicht in der Lage, den Weitblick zu schaffen, den wir eigentlich in einer solchen Situation bräuchten.

Natürlich ist es auch wichtig, sich Gedanken über die Zukunft zu machen, sein Leben zu planen und Vergangenes zu analysieren. Doch wir machen das viel zu häufig und viel zu intensiv. Wir versuchen alles mit dem Verstand zu kontrollieren, anstatt unserer inneren Weisheit zu vertrauen. In unserem Unbewussten steckt nicht nur unser Ego, sondern auch unsere Intuition verborgen. Wenn wir ihr mehr vertrauen, können wir oft einfacher und besser zu Lösungen kommen. Probier es mal aus, um dich selbst davon zu überzeugen. Wir müssen nicht immer alles mit unserem Verstand unter Kontrolle haben. Erlaube dir, dich mit der Natur und mit anderen Menschen zu verbinden und ganz spontan und intuitiv zu handeln.

Lass dich nicht beirren, wenn etwas mal nicht so läuft wie geplant. Das gehört zum Loslassen, zum Vertrauen und zur Intuition dazu. Manchmal muss im Leben etwas schiefgehen, damit wir wichtige Lektionen lernen, bestimmte Erfahrungen machen, oder damit neue Möglichkeiten entstehen können. Sicherlich kannst du dich selbst an die eine oder andere Situation erinnern, die erst schiefgelaufen ist, sich am Ende dann aber doch noch als wertvoll erwiesen hat.

Versuche dich daher mit der Welt zu verbinden und dich für das zu öffnen, was kommt, anstatt dich vor neuen Möglichkeiten zu verschließen.

Bisher hast du dich zum Meditieren wahrscheinlich eher zurückgezogen und dir einen Platz gesucht, an dem es nicht so viele Umgebungsgeräusche gab. Für die Übungen dieser Woche darfst du einen Ort wählen, an dem es auch mal lauter zugeht. Dazu eignet sich ein Park oder ein schöner Platz in der Natur.

In dieser Woche lassen wir den Fokus bewusst los und beobachten ganz achtsam, zu welchen äußeren Reizen er wandert. Lass ihn in deiner Umgebung frei, als ob der Fokus zum allerersten Mal außerhalb deines Körpers spazieren gehen dürfte. Stell dir vor, dein Fokus sei wie ein Hund, den du von der Leine lässt. Beobachte, wohin er läuft und was er genauer beschnuppert. Schau, wohin deine Aufmerksamkeit wandert. Ist es ein bestimmtes Geräusch? Ist es der Wind, den du auf deiner Haut spürst? Oder die Sonne, die dich anstrahlt? Öffne dich für alle Eindrücke, die außerhalb von dir geschehen und lasse deinen Fokus einfach los. Schicke ihn absichtlich auf Wanderschaft, um die Umgebung genauestens zu erkunden. Öffne dich so für deine Umwelt und verbinde dich mit der Natur. Dehne deine Achtsamkeit auch auf die kleinsten Sinneseindrücke aus. Versuche mit der Welt zu verschmelzen und werde eins mit ihr. Diese Übung wird dir langfristig dabei helfen, achtsamer im Alltag zu sein und besser auf deine Umwelt und deine Mitmenschen zu reagieren. So öffnest du dich und trainierst deine intuitiven Fähigkeiten.

AKTIVE MEDITATION: **DIE GEH-MEDITATION**

Sicherlich ist dir diese Meditationsübung bereits bekannt, und du hast sie bestimmt schon häufig durchgeführt, auch wenn du sie noch nie als Meditationsübung wahrgenommen hast. Die Geh-Meditation hilft uns besonders dabei, uns mit der Natur zu verbinden und unsere Achtsamkeit auf unsere Umgebung auszuweiten. Wenn du ohnehin täglich spazieren gehst oder beispielsweise zur Arbeit oder ins Fitnessstudio den Fußweg nimmst, kannst du diese Meditation mit Leichtigkeit in deinen Alltag integrieren. Alles, was du tun musst, ist, deine Intention zu ändern und dem Spazierweg nun mit mehr Achtsamkeit zu begegnen. Öffne all deine Sinne und nimm alle Reize wahr, die aus der Umgebung kommen. Hörst du das Zwitschern der Vögel? Spürst du den Wind, der durch deine Haare streift? Siehst du die verschiedenen Farben der Bäume und Blumen? Riechst du die frische Sommerluft oder den Regen in der Luft? Bekommst du mit, wie viel Leben und Energie in all den Lebewesen, Bäumen und Pflanzen steckt? Nimm wahr, dass auch du Teil dieser wunderschönen Natur bist, und setze jeden Schritt ganz achtsam. Es ist ratsam, dass du die Geh-Meditation zunächst in langsamem Tempo startest. Lass deinen Körper einfach die Bewegungen ausführen, ohne selbst große Kontrolle auszuüben. Spüre, wie deine Sohlen den Boden berühren und nimm dessen Oberfläche wahr. Beobachte deinen Körper einfach, als wäre er eine außenstehende Person, und lass ihn mit der Umgebung verschmelzen. Dehne deine Achtsamkeit über deinen Körper hinaus aus und nimm jegliche Sinnesreize auf. Versuche auch weit entfernte Geräusche und selbst kleinste Details wahrzunehmen. Wenn dir das gut gelingt, kannst du dein Tempo beim Gehen etwas steigern. Mit etwas Übung kannst du die Meditation auch in normaler Geschwindigkeit durchführen. Wenn du möchtest, kannst du immer wieder auch für ein paar Momente still stehen bleiben, um die Wahrnehmung der Umgebung zu vertiefen.

ERWEITERUNG

Wenn dir das Spazierengehen zu langsam ist, dann probiere es mal mit achtsamem Laufen aus. Kombiniere das Joggen mit aktiver Meditation. Schlüpfe hierbei aktiv in die Beobachterposition und schau deinem Körper dabei zu, wie er sich in deiner Umgebung bewegt und wie dich die Sinnesreize deiner Umgebung erreichen. Beim Joggen tendieren wir häufig dazu, tief in Gedanken zu versinken. Lass auch hier deinen Fokus einfach auf Wanderschaft in der Umgebung gehen. Alles, was ins Zentrum deiner Achtsamkeit gelangen darf, sind Eindrücke zum Atem, zum Körper und zur Umgebung. Nimm alle noch so kleinen Empfindungen wahr. Spüre, wie deine Fußsohlen den Boden abwechselnd berühren. Höre die Geräusche, die du beim Laufen machst. Atme die frische Waldluft. Sieh die Vögel, die an dir vorbeifliegen. Es gibt immer etwas zu beobachten, auch wenn es lediglich die feine subtile Energie der umgebenden Bäume und Pflanzen ist. Wenn du möchtest, kannst du von Zeit zu Zeit immer wieder zwischen Laufen und Gehen oder Laufen und Stehen wechseln, um die Unterschiede zwischen diesen Aktivitäten besser wahrzunehmen und dich leichter mit der Umwelt zu verbinden.

PASSIVE MEDITATION: DIE UMGEBUNGS-MEDITATION

Such dir einen schönen Ort in der Natur. Alternativ kannst du auch dein Fenster öffnen, um so zumindest eine kleine Verbindung mit der Natur herzustellen. Du wirst in den kommenden Tagen deine Achtsamkeit von deinem Körper aus weiter ausdehnen. So öffnest du dich für alle Eindrücke, die aus der äußeren Welt kommen.

Setz dich nun wieder wie gewohnt in deine Meditationshaltung. Deine Augen kannst du offen oder geschlossen halten, ganz wie du möchtest. Während der Meditation kannst du dich auch jederzeit umentscheiden. Mach es davon abhängig, ob du dich in dem Moment eher auf die visuellen oder auditiven Reize fokussieren möchtest.

Starte die Meditation wie immer mit drei tiefen und besonders achtsamen Atemzügen.

Folge dann wieder einen Moment lang deinem persönlichen Atemrhythmus. Konzentriere dich auf die Luft, die du ein- und ausatmest. Spüre, wie sie durch deine Atemwege strömt und deinen Körper mit frischem Sauerstoff versorgt. Nimm achtsam wahr, wie der Sauerstoff von deiner Lunge absorbiert wird, in deinem Blut angereichert wird und deine Zellen nährt. Spüre auch beim Ausatmen, wie Kohlendioxid in Form von verbrauchter Luft nach außen in die Umgebung strömt. Beobachte diesen Prozess eine Weile. Nimm die Luft aus der Umgebung in dein Gewahrsein, wie eine Wolke aus Energie, die dich umgibt. Schau dir ganz genau an, wie der Luftaustausch zwischen dir und dieser Wolke stattfindet.

Verbinde dich ganz intensiv mit der Luft, die dich umgibt, und werde eins mit ihr. Dehne deine Achtsamkeit auf die Luftwolke um dich herum aus. So weit, dass du beginnst, Teil des Raumes zu werden. Spüre die gesamte Umgebung und die Luft, die sich darin befindet.

Um dich noch weiter mit deiner Umgebung zu verbinden, kannst du den Prozess beobachten, wie die Pflanzen in deiner Umgebung deine verbrauchte Luft aufnehmen. Sei dir bewusst, dass die Pflanzen und Bäume in deiner Umgebung genau diese kohlendioxidhaltige Luft zum Atmen brauchen und sauerstoffreiche Luft ausatmen, die dir dann wieder zur Verfügung steht. Erkenne diesen symbiotischen Energieaustausch und nimm wahr, wie du dich in den Kreislauf der Natur einfindest. Beobachte diesen Prozess zwischen dir und den Pflanzen in deiner Umgebung. Werde eins mit diesem Kreislauf und verbinde dich so wieder mit der Natur.

Schließe die Meditation wie gewohnt mit ein paar tiefen und besonders achtsamen Atemzügen ab. Gerne kannst du dich danach ein wenig strecken, bevor du deine Augen öffnest.

Behalte einen Teil der gewonnenen Achtsamkeit für den Rest des Tages bei. Wenn du dich im Alltag verloren fühlst, kannst du dich jederzeit mit ein paar Atemzügen und mit Hilfe deiner Achtsamkeit wieder mit der Natur verbinden und dich erden.

ERWEITERUNG

Um noch tiefer in deine Umgebung einzutauchen, kannst du die eben genannte Übung folgendermaßen ergänzen: Lass deinen Fokus gedanklich frei und beobachte, was passiert. So, wie wenn du die Leine eines Hundes löst und dieser beginnt, die Umgebung zu erkunden. Öffne deine Sinne für alle Reize, die aus deiner Umgebung kommen: Geräusche, Gerüche, Empfindungen auf deiner Haut oder visuelle Reize (wenn du die Augen geöffnet hast).

Nimm jeden Sinnesreiz wertungsfrei wahr. Beobachte einfach, welcher Reiz deine Aufmerksamkeit auf sich zieht. Egal, ob es ein angenehmer oder unangenehmer Reiz ist. Benenne diesen kurz und lass den Fokus dann wieder weiterziehen.

Wenn dein Fokus in Gedanken oder Gefühlen versunken ist, dann hole ihn wieder zurück zum Atem und dehne von hier aus deine Achtsamkeit wieder auf den Körper und dann die Umgebung aus. Öffne dich dann wieder für alle Reize, die da sind, ohne zu werten.

BIST DU BEREIT FÜR LEVEL 5?

Du meditierst regelmäßig und hast dir bereits eine gute Routine aufbauen können? Steht dein Atem stets im Mittelpunkt deiner Achtsamkeit, während du gleichzeitig deine Körpereindrücke wahrnehmen kannst und stets verbunden mit Reizen aus der Umwelt bist? Ja? Gratulation, dann hast du die Herausforderung gemeistert, deine Umgebung in die Meditation einzubeziehen. In der nächsten Lektion werden wir einen großen neuen Schritt wagen. Wir werden tief in unsere innere Welt eintauchen und unsere Achtsamkeit in diese Richtung ausdehnen. Es gibt hier nämlich noch viel mehr zu erforschen als in der äußeren Wahrnehmung. Wenn du dich bereit dafür fühlst, dann lass uns jetzt damit loslegen. Ansonsten kannst du dich gerne noch länger mit den letzten Lektionen befassen.

STUFE 5

DIE GEFÜHLE

WIE SICH ERLEUCHTUNG ANFÜHLT

Diese Woche war sehr erkenntnisreich für mich. Es hat mir so gutgetan, mich mit meiner Umwelt zu verbinden und zu erkennen, dass ich ein Teil von ihr bin. Die Einheit mit der Natur konnte ich bereits gut wahrnehmen, allerdings kam ich meinem wahren Selbst dadurch noch nicht wirklich näher. Letzte Nacht hatte ich ein Erlebnis, von dem ich Kym unbedingt erzählen wollte: »Du wirst mir nicht glauben, was ich letzte Nacht geträumt habe. Bitte lass es mich erzählen, bevor wir mit der nächsten Lektion starten!«

»Nur zu, Luisa.«

»Ich stand vor einem wunderschönen Sandstrand. Vor mir sah ich das weite Meer und hörte, wie sich die Wellen vor meinen Füßen brachen. Um mich herum wuchsen Palmen, deren Blätter im Wind tanzten. Möwen segelten in der Luft. Meine Füße waren in der weichen Sanddecke eingetaucht und die feinen Sandkörner kitzelten mich ganz sanft. Um mich herum sah ich Menschen, die Sonne tankten. Kinder, die miteinander spielten und im Wasser planschten. Plötzlich kam ein Ball auf mich zugeflogen, und reflexartig fing ich ihn. Ein quirliger kleiner Junge mit verstrubbelten Haaren kam auf mich zugerannt und forderte mich frech auf, ihm den Ball wiederzugeben. Ich war verärgert darüber, dass er mich beinahe damit getroffen hatte, deshalb ließ ich den Ball wie durch Zauberei vor seinen Augen verschwinden.

Und dann fragte ich mich, wie das möglich sein konnte. Ich war irgendwie verwundert und begann zu hinterfragen, wie ich hier zu diesem Strand kam und was ich davor gemacht hatte. Es war, als ob ich einen Filmriss hätte.«

Kym war sichtlich beeindruckt: »Oh, wow! Ich glaube, ich weiß, was jetzt kommt … Der Moment, der dir gerade noch so schön, vertraut und logisch vorkam, erschien dir plötzlich so surreal? Und dann war dir klar, dass du eigentlich träumst?«

»Ja, genau! Es fühlte sich irgendwie unglaublich an. Es war, als ob sich mein Bewusstsein erweiterte. Ich erinnerte mich daran, dass ich in dem Moment im Bett lag und schlief. Ich konnte von da an alles im Traum steuern. Ich habe mich in einen Delfin verwandelt und bin unter Wasser getaucht. Dann sprang ich in die Luft und bin geflogen. So hoch, dass ich im Weltall war und dann auf dem Mond gelandet bin. Was war das?«

»Du hast erkannt, dass du nicht die Person im Traum, sondern der Traum selbst bist. Du bist transzendiert. So wie du transzendierst, wenn du eins mit der Umgebung wirst. Du hast das Ego der Person, die du im Traum warst, losgelassen und bist wieder du selbst geworden«, staunte Kym. »Das, was du erlebt hast, Luisa, nennt sich ›luzides Träumen‹. Ein Zeichen, dass dein Bewusstsein beginnt aufzuwachen. Viele Menschen erleben das, wenn sie regelmäßig meditieren. Es ist eine bewusste Form des Träumens und ein sehr hilfreiches Werkzeug, wenn du tiefe Einblicke in dein Unterbewusstsein gewinnen möchtest.«

Auch spannend: Wenn du mehr über luzides Träumen erfahren möchtest und lernen willst, deine Träume bewusst zu steuern, dann möchte ich dich ganz herzlich dazu einladen, diesen Workshop dazu anzusehen. Du findest ihn unter diesem QR-Code.

https://www.highermind.de/buch-m5/

Noch mehr Informationen findest du in meinem Buch *Luzides Träumen. Wie du deine Träume bewusst gestalten und für den Alltag effektiv nutzen kannst.*

Ich sah an seinem Gesichtsausdruck, dass er mir noch mehr zu erzählen hatte.

»Erinnerst du dich an unser letztes Gespräch? Dort haben wir über die Erleuchtung gesprochen. Dieser luzide Traum, den du erlebt hast, fühlt sich an wie eine Erleuchtung, nur auf einer anderen Ebene. Es ist verrückt! Alles, was du im Traum sehen, riechen und hören kannst – das Meer, die Möwen, die Palmen – entspringt aus deinem Selbst, deiner inneren Welt. Sie sind das Produkt deiner Imagination. Und doch glaubt die Person, die du im Traum bist, dass alles Realität sei. Du kannst im Traum ein anderer Mensch sein, ein anderes Geschlecht oder eine andere Persönlichkeit haben. Dieser andere Mensch hat keinen blassen Schimmer davon, dass du gerade im Bett liegst und er nur erträumt ist. In dem Moment, in dem du erkennst, dass du träumst, erweitert sich dein Bewusstsein. Die Person, die du gerade im Traum warst, erfährt die Erleuchtung. Sie ist über ihr Traum-Ich hinausgewachsen, hat die Identifikation losgelassen und erkannt, wer sie wirklich ist. Ihr wird bewusst, dass sie nicht nur die Person ist, die am Strand stand, sondern der Traum selbst ist. Sie ist auch der kleine quirlige Junge gewesen, sie ist die grüne Palme, die segelnde Möwe, jedes der feinen Sandkörner. Sie erfuhr, dass sie eins mit dir ist. So ähnlich fühlen sich Momente des Erwachens an, nur eben im Wachleben. Wir werden dabei plötzlich so bewusst, dass wir die Identifizierung mit uns selbst aufgeben und erkennen, dass wir das Leben selbst sind. Wir erkennen, dass wir eins mit dem Universum und der Schöpfung sind. Wir erinnern uns wieder daran, wer wir wirklich sind und dass das, was wir ›Leben‹ nennen, nur eine Art Imagination unseres Selbst ist.«

»Ah, ich verstehe! So fühlt sich das also an. Doch wenn ich versuche, mich zu erinnern, dann funktioniert es nicht. Wie soll mir das gelingen?«

»Komm, ich möchte dir etwas zeigen. Hast du Badeklamotten dabei?« Er deutete in die Richtung des Waldes, von wo heißer Dampf emporstieg. »Findet unsere nächste Lektion etwa in den heißen Quellen statt?«, wollte ich wissen und strahlte ihn an. Er nickte und entgegnete: »Freu dich nicht zu früh! Es kann heute etwas unangenehm werden.«

Ich holte meine Badesachen aus meinem Campervan und traf Kym dann in einem der natürlich angelegten Thermalbecken. Ohne weitere Umstände setzte er seine Erklärung fort: »Der Begriff ›Erleuchtung‹ stellt für viele Menschen etwas Heiliges dar. Etwas, das nur für ganz besondere Menschen – wie etwa tibetische Mönche oder asketische Yogis – erreichbar ist. Doch in Wahrheit ist unser Grundzustand die Erleuchtung. Auch du bist erleuchtet. Jedes Baby kommt erleuchtet auf die Welt. Durch Erziehung und Prägung durch die Leistungs- und Konsumgesellschaft verlieren wir uns in unserem Ego. Unser wahres Selbst wird dadurch mit der Zeit immer stärker verdunkelt, bis wir irgendwann ganz vergessen, dass es etwas gibt, das über unser Ego hinausgeht. Meditation hilft uns dabei, wieder Licht ins Dunkel zu bringen. Sie hilft uns dabei, uns daran zu erinnern, dass wir erleuchtete Wesen sind – so wie in deinem Traum. Zu meditieren hilft uns also dabei, unseren natürlichen Seinszustand wiederherzustellen.«

Er schloss seine Augen und ich tat es ihm gleich. Ich spürte, wie das heiße Wasser meinen Körper umschloss. Wie ich die warmfeuchte Luft in einem ruhigen Rhythmus einatmete und dabei Kyms Stimme folgte. »Lass uns beginnen, die Ich-Identifizierung loszulassen. Beobachte den Atem, doch wechsle die Perspektive. Atme nicht in deine Lungen, sondern sei die Luft selbst, die in diesen Körper hineinatmet.«

Ich versuchte ihm zu folgen. In der Tat schenkte mir das eine gänzlich neue Perspektive. Kym setzte fort: »Nun sei die Wärme, die in diesen Körper fließt. Lass das Wasser und diesen Körper eins werden und löse die Identifikation mit dem Körper auf.«

Ich wurde die Wärme selbst – jedenfalls für einen Moment. Dann kamen Gedanken auf. Ich hoffte, Kym würde merken, dass mir langsam etwas zu viel Hitze in meinen Körper floss.

»Sei die Wärme, sei die Hitze und nimm wahr, was sie in diesem Körper auslöst«, sagte er in einem meditativen Ton, der mich wieder etwas mehr in die Beobachtung brachte. Ich wurde wieder zur Wärme selbst und beobachtete meinen Körper. Oder besser gesagt: diesen Körper. So, als ob es der Körper einer anderen Person wäre. Doch schon bald kam das unangenehme Gefühl der Ungeduld auf.

Als ob Kym genau in mich hineinspüren konnte, gab er mir exakt die richtige Anweisung: »Beobachte, wie sich dieser Körper gegen die Hitze zu wehren beginnt. Lass die Identifikation mit der äußeren Welt los. Lass alles geschehen, wie es gerade geschieht. Beobachte, was aus deiner inneren Welt kommt. Welche Gedanken, welche Gefühle schickt dir dieser Körper? Beobachte einfach, ohne Identifikation.«

Der Körper begann unruhig zu werden. Er wollte die Kontrolle über mich zurückgewinnen. Ich spürte einen starken Impuls aufzustehen und zu gehen, dem ich nur sehr schwer widerstehen konnte. Es war ein innerer Schmerz, ein innerer Kampf. Die Hitze wurde unerträglich. Ich war mir sicher, dass Kym spürte, wie ich litt. Doch er sagte mir immer wieder: »Bleib in der Beobachtung. Du bist sicher, vertrau mir. Lass den Körper reden. Lass den Körper schreien. Egal, wie laut er auch sein mag, bleib der stille Beobachter und schau, was aus diesem Körper kommt. Welche Gefühle sind da? Welche Gedanken sind da? Lass die Identifikation los. Beobachte den Schmerz, die Ungeduld, die Hitze, die starken Reize in deinem Kopf, die unangenehmen Gefühle …«

Es wurde unerträglich. Es fühlte sich an, als wären Reißnägel in diesem Kopf. Dieser Körper stand so unter Spannung, bereit, in der nächsten Millisekunde aus dem heißen Thermalbecken auszusteigen, sobald ich nur einen Moment unachtsam war. Es war kaum mehr auszuhalten.

»Vertrau mir, Luisa! Sei bereit, alles loszulassen! Sei bereit, in der Beobachtung zu bleiben, was auch immer passieren mag. Vertraue diesem Körper, dass er mit dieser Situation umgehen kann.« Kyms

Worte gefielen diesem Körper aber überhaupt nicht. Dieser wusste, er musste hier raus, um zu überleben. Im Kopf dieses Körpers tobte ein heftiges Gewitter. Im ganzen Körper kribbelte es. Alles zitterte. Alles vibrierte. Alles wurde unendlich laut, doch ich vertraute Kym. Noch in dem Moment, als er sagte: »Lass los, Luisa!«, wurde plötzlich alles ganz still. Der Körper entspannte sich und die Hitze begann über tiefes Ausatmen zu entweichen. Das Gedankenkarussell beruhigte sich. Die Gefühlsachterbahn kam zum Stillstand. Ich öffnete die Augen, die vor einem Moment noch maximal zugekniffen gewesen waren, entspannte jeden Muskel des Gesichts und sah Kym, wie er mich freundlich angrinste.

»Nun, Luisa, übergib deinem Körper die Kontrolle. Lass ihn aus dem Becken gehen, doch bleib der Beobachter. Was macht dieser Körper, welche Bewegungen führt er aus?«

Was nun geschah, war überwältigend. Wie ferngesteuert verließ mein Körper das heiße Becken. Er bewegte sich ganz langsam, um seinen Kreislauf stabil zu halten. Dann legte sich der Körper auf den erdigen Boden und ließ die Hitze nach außen strömen. Ich war die Luft, die sich um diesen Körper herum erwärmte. Ich war das Wasser, das von diesem Körper in Wasserdampf verwandelt wurde. Ich war der Boden, der von diesem Körper bedeckt wurde. Ich war pure Liebe, reine Dankbarkeit, das Bewusstsein selbst, und erinnerte mich ... es war alles so verständlich, so einfach! Mein ganzes Leben ergab auf einmal so viel Sinn. Ich fragte mich, wie ich das alles nur hatte vergessen können, was ich nun so klar sehen konnte. Und im nächsten Moment, zack!, war ich wieder Körper. Ich versuchte zu verstehen, was ich gerade erlebt hatte. Mein Verstand versuchte diese Erfahrung in Gedanken zu beschreiben, doch es gelang nicht. Meine Gefühle versuchten sich ein Bild davon auszumalen, doch es war nicht möglich. Ich konnte es mental nicht erfassen. Eben hatte ich noch die Antwort auf alle Fragen, und nun war *wieder* alles vergessen? Ich wusste nicht mehr, was ich vergessen hatte! Ich suchte in meiner Erinnerung, doch es war nicht da. Das, was ich erlebt hatte, hatte ich nicht mit meinem Körper erlebt. Nicht mit meinem Gehirn. Doch ich war jetzt wieder mein Verstand, und dort war diese Erinnerung nicht zu finden. Ich versuchte, wieder in diesen Zustand zu kommen, doch es war nicht mehr möglich. Also genoss ich die vielen Glücksgefühle, die durch meinen Körper rauschten. Ich lachte laut, und Kym lachte mit.

»Das war ein *Satori*-Erlebnis: Ein kurzer Moment des Erwachens. Wir haben leichteren Zugriff darauf, wenn wir uns in Extremsituationen befinden. Viele Menschen erfahren etwas Ähnliches auch im Eisbad. Extreme Kälte kann uns auch dabei helfen, unsere Identifikation loszulassen und Zugang zu unserer wahren Seinsnatur zu bekommen.«

Etwas skeptisch war ich dann doch: »Ist das nicht gefährlich? Ich könnte mir vorstellen, dass das für manche Menschen keine gute Idee ist.«

»Natürlich! Aber ich weiß ja, dass du keine Herz- und Kreislaufprobleme hast, und außerdem war ich ja hier und hätte reagiert, wenn es bedrohlich geworden wäre. Mach so etwas aber bitte nicht, wenn du allein bist, und lass dich schon gar nicht von deinem Ego absichtlich in diese gefährlichen Situationen führen. Ich habe schon viele Menschen kennengelernt, die im heißen Wasser kollabierten oder Nervenschädigungen in Fingern oder Zehen erlitten haben, nachdem sie zu lange im Eiswasser waren. Doch diese Personen haben es nicht geschafft, ihre Ego-Identifikation loszulassen. Warum? Weil ihr Ego sie in die Extremsituation geführt hat und ihr Ego die Erleuchtung erzwingen wollte. Aber so funktioniert es nicht. Und in der Tat brauchen wir auch kein Thermal- oder Eisbecken. Wie das nämlich auch einfach so geht, möchte ich dir in den nächsten Wochen zeigen.«

DER WEG IN DEINE INNEREN WELTEN

In der letzten Lektion hast du gelernt, deine Achtsamkeit auf deine Umgebung auszudehnen. Vielleicht hast du dabei die eine oder andere Erfahrung machen können, in der du das Gefühl hattest, dass du über deinen Körper hinauswächst oder dich mit deiner Umwelt verbunden fühlst. Da wir uns nun ausgiebig mit den äußeren Reizen beschäftigt haben, werden wir in den kommenden Lektionen näher auf die innere Wahrnehmung eingehen. Dazu werden wir uns zunächst genauer mit unseren Gefühlen auseinandersetzen.

Wir lassen uns in unserem Alltag sehr häufig von unseren Gefühlen leiten. Das mag vielleicht auf den ersten Blick nicht gleich ersichtlich sein, denn diese Prozesse laufen eher unbewusst ab. Wenn du entscheidest, was es heute zum Mittagessen geben soll, spielen deine Gefühle eine sehr große Rolle. Wenn du überlegst, was du heute am Feierabend unternehmen willst, dann hörst du auf deine Gefühle. Sie beeinflussen deine Entscheidungen maßgeblich. Oft mögen instinktive Bauchentscheidungen gut und nützlich sein, doch manchmal können sie uns auch schaden. Manchmal wissen wir, dass etwas nicht gut für uns ist (z. B. das Rauchen), obwohl es uns ein Gefühl der Freude verschafft. Gefühle können manchmal subtil sein, manchmal aber können sie uns regelrecht erschlagen. Vor allem negative Gefühle können uns lähmen, niederwerfen oder zur Verzweiflung bringen.

Wir Menschen haben in den letzten Jahrhunderten verlernt, richtig mit unseren Gefühlen, vor allem aber den negativen Gefühlen umzugehen. Bereits im Kindesalter versuchen wir die Kleinen von ihren negativen Gefühlen abzulenken. Wir geben ihnen etwas Süßes oder sagen ihnen, dass sie nicht traurig sein dürfen. Nahezu jedes Kleinkind wächst mit der Einstellung auf, dass man stets glücklich sein muss, da sonst etwas nicht stimme. Heute tragen wir alle eine Maske, hinter der wir unsere wahren Gefühle vor anderen und sogar vor uns selbst verbergen.

Das ist sehr schlecht. Es ist keine gute Haltung zu sich selbst, seine Gefühle zu ignorieren, zu verdrängen oder zu überspielen. Du musst dir das in etwa so vorstellen: Deine Gefühle sind wie ein Kleinkind. Sie kommen zu dir und möchten dir etwas mitteilen. Vielleicht hat das Kind Hunger, Durst oder Schmerzen. Es möchte dir signalisieren, dass es deine Hilfe braucht. Doch wenn wir nicht auf das Kind eingehen, sondern es von seinen Gefühlen ablenken, wird es irgendwann immer schlimmer. Schalten wir dem Kind den Fernseher ein oder lenken es mit einem Spielzeug ab, kann es vielleicht wieder für einen Moment still sitzen bleiben. Doch das Kind wird noch hungriger werden und früher oder später wiederkommen. Ebenso wie ein Gefühl, das du immer wieder von dir weggeschoben hast. Doch was passiert, wenn wir dieses Gefühl immer weiter aufschieben und uns immer weiter ablenken? Irgendwann kommt der Moment, in dem das Kind bzw. das Gefühl es nicht mehr aushält. Das Kind fängt an zu schreien, du kannst es kaum mehr trösten, es wird vielleicht krank oder nimmt langfristig Schaden. Genauso ist es mit dem Gefühl. Irgendwann werden wir von unseren verdrängten Gefühlen eingeholt und die Situation eskaliert.

Im Alltag ist es daher sehr wichtig, sich regelmäßig mit seinen Gefühlen auseinanderzusetzen. Wir müssen lernen, wieder darauf zu hören, was uns unsere Gefühle zu sagen versuchen. Wir machen das viel zu selten. Gefühle sind physiologisch gesehen nichts anderes als Botschaften. Sie möchten uns auf etwas hinweisen. Deshalb müssen wir unsere Gefühle zulassen und ganz genau hinhören, was sie uns mitteilen wollen. Ein Gefühl möchte gefühlt werden. Beginne also damit, deine Gefühle zu akzeptieren und sie fühlen zu dürfen. Das ist enorm wichtig für dich, weil du dadurch zu innerer Ausgeglichenheit kommst und lernst, mit deinen Gefühlen umzugehen.

Bisher ist es wahrscheinlich so, dass deine Gefühle dich im Griff hatten und du dich gezwungen fühltest, auf eine bestimmte Weise auf sie zu reagieren. Doch im Laufe des Trainings wirst du lernen, deine Gefühle in den Griff zu bekommen. Du wirst lernen, nicht auf jedes Gefühl blindlings zu reagieren, sondern bewusst zu agieren. Wenn Gefühle hochkommen, verleiten sie dich leicht dazu, ins Unbewusste zu fallen und unüberlegt zu handeln. Vielleicht rastest du aus, beschimpfst deine Liebsten oder zerstörst etwas aus der Wut heraus. Solche emotionalen Eskalationen werden durch regelmäßige Meditationspraxis immer seltener, da du lernst, achtsam mit deinen Gefühlen umzugehen.

Meditation schützt dich außerdem vor Depressionen, Burn-out oder langanhaltender Traurigkeit. Glücklich zu sein bedeutet aber nicht, dass wir nur noch positive Gefühle haben. Glücklich zu sein bedeutet, dass wir lernen, negative Gefühle zu akzeptieren und sie als lebensnotwendig anzusehen. In negativen Gefühlen steckt auch etwas Positives, eine Lektion fürs Leben oder eine wichtige Erkenntnis. Aus negativen Gefühlen heraus können wir wachsen. Das wissen glückliche Menschen. Deshalb achten sie besonders stark auf ihre negativen Gefühle und die Botschaften, die in ihnen enthalten sind.

In den Übungen dieser Lektion werden wir deinen Fokus nach innen richten und das beobachten, was an Gefühlen aufkommt. Für dich kann es hilfreich sein, mit Musik zu meditieren. Sie kann Gefühle leichter in Bewegung bringen und hilft dir dabei zu beobachten, was gerade in dir aufkommt. Dabei ist es aber wichtig, die Gefühle *nur* zu beobachten. Geh während der Meditationspraxis nicht zu tief in die Identifikation. Nimm die Gefühle einfach nur wahr. Sowohl die positiven als auch die negativen. Deine Gedanken werden versuchen, Ideen oder Pläne zu schmieden, was man gegen ein unangenehmes Gefühl tun kann. Wenn das passiert, dann durchschaue diesen Prozess und bleibe in der Beobachterposition. Beobachte aufmerksam, welche Gefühle noch auftauchen. Behalte sie dann einen Moment im Gewahrsein und beobachte dann wieder ein neues Gefühl, das auftaucht. Versuche, nicht an dem Gefühl festzuhalten. Erkenne es, beobachte es einen Moment lang und lass es dann weiterziehen. So, als ob du an einer Straße stehen und vorbeifahrende Autos beobachten würdest. Registriere sie, schau sie an und lass sie weiterfahren. Gefühle sind nur Besucher unserer inneren Welt.

AKTIVE MEDITATION: **DIE TANZ-MEDITATION**

Eine der ältesten Meditationen der Menschheit ist der Tanz. Schon in den antiken Kulturen wurde Tanz mit Spiritualität in Verbindung gebracht. Auch die Wissenschaft zeigt es uns: Tanzen reduziert Stress, steigert unser Wohlbefinden, knüpft neue neuronale Verbindungen und hat im allgemeinen ähnliche Effekte wie die reine Sitz-Meditation.[41] Der Tanz ist eine einfache Methode, um dich mit dem Moment zu verbinden und deine innere Gefühlswelt zum Ausdruck zu bringen. Und genau das wollen wir mit dieser Meditation bezwecken. Sie soll dir den Einblick in deine Gefühle ermöglichen, auch wenn du bisher noch nicht so gut den Zugang dazu gefunden hast. Wie auch bei der Geh-Meditation ist Tanz nicht gleich Tanz-Meditation. Es kommt sehr stark auf die Intention an, mit der du an den Tanz herangehst. Das beginnt schon mit dem Ort und der Musikauswahl. Vermutlich wirst du samstagnachts in deinem Lieblingsclub keine wirklich tiefgehende Tanz-Meditation erfahren. Anders sieht es aus, wenn du eine gemütliche Atmosphäre allein zu Hause oder mit ausgewählten Freunden am Lagerfeuer schaffst. Wähle die Musik so, dass sie deine Gefühle anspricht und weckt. Für die Tanz-Meditation eignet sich eher Musik ohne Gesang, da dadurch deine Gedanken nicht so stark angesprochen werden und du deine Gefühle leichter beobachten kannst.

Versuche während des Tanzes dem Rhythmus der Musik zu folgen und die Bewegungen deines Körpers einfach zu beobachten. Lass zu, wie sich dein Körper ganz intuitiv bewegt und versuche hier nichts zu kontrollieren. Lass einfach los und begib dich in die Beobachterposition. Nach und nach wird es dir leichter fallen, deine Gefühle zum Ausdruck zu bringen.

Lass zu, was immer auch an die Oberfläche kommt. Häufig passiert es, dass wir dabei weinen oder auch laut lachen müssen. Alles darf da sein und beobachtet werden. Probiere gerne verschiedene Musikstimmungen aus. Langsame und getragene Melodien können andere Gefühle hervorrufen als beispielsweise schnelle Trommelmusik. Wenn du die Tanz-Meditation länger durchführen möchtest, ist es ratsam, dir eine Playlist anzulegen, in der langsame und schnelle Musik sich abwechseln.

Während des Tanzes ist alles erlaubt. Versuche dich nicht zurückzuhalten oder etwas zu erzwingen. Wichtig ist nur, dass du die Bewegungen einfach passieren lässt, während du dich voll und ganz der Beobachtung deiner Gefühle widmest.

PASSIVE MEDITATION: **DIE GEFÜHLS-BEOBACHTUNG**

Auch für diese Meditation eignet sich Musik, die emotional auf dich wirkt. Nimm deine Meditationshaltung ein und schließe deine Augen, wenn du möchtest. Beginne wieder mit drei tiefen und besonders achtsamen Atemzügen.

Wähle im Anschluss daran einen angenehmen Atemrhythmus und bleibe einen Moment beim Atem. Dehne dann deine Aufmerksamkeit weiter auf deinen Körper und die Umgebung aus. Wenn du so weit bist, richte deine Achtsamkeit nach innen. Das gelingt dir am besten über deine Atmung. Behalte sie im Zentrum deines Fokus, während du im peripheren Achtsamkeitsfeld nach Gefühlen Ausschau hältst. Viele Gefühle haben ihren Ursprung in der Bauchgegend. Manche sitzen weiter oben im Solarplexus oder im Halsbereich. Sei achtsam und beobachte, was hier aufkommt. Wenn du das Gefühl in deinem Körper wahrzunehmen beginnst, dann versuche, es weiter zu beobachten.

Du kannst diesem Gefühl einen Namen geben: Freude oder Trauer, Erwartung oder Ungeduld, Mut oder Angst. Jedes Gefühl hat einen anderen Sitz. Wenn du es lokalisieren und benennen kannst, dann beobachte einfach, was passiert. Beginne nicht darauf zu reagieren oder das Gefühl zu tief in den Fokus zu nehmen. Halte es nicht fest, sondern beobachte es und spüre einfach so gut es geht hinein. Danach kannst du das Gefühl einfach weiterziehen lassen und Ausschau nach neuen Gefühlen halten. Manchmal kannst du sowohl positive als auch negative Gefühle zur selben Zeit wahrnehmen. Das ist vollkommen in Ordnung. Jedes Gefühl hat seine Wichtigkeit.

Komm wieder zurück zum Atem, sobald du merkst, dass dein Fokus abschweift oder von einem Gefühl vereinnahmt wurde. Finde über deinen Atemfluss wieder zurück in die innere Wahrnehmung und beobachte wieder, welche Gefühle auftauchen – ohne dabei zu urteilen, ihnen hinterherzulaufen oder auf sie zu reagieren. Erinnere dich: Beobachte sie so, als würdest du am Straßenrand stehen und vorbeifahrende Autos betrachten. Erkenne, wie sie in dein Wahrnehmungsfeld gelangen. Beobachte sie eine Weile, bis sie an dir vorbeigefahren sind. Gib ihnen währenddessen einen Namen. Entlasse sie dann aber wieder aus deiner Wahrnehmung. Lauf dem Auto bzw. dem Gefühl nicht nach. Bleib in der Beobachterposition und lass dir dafür einen Moment Zeit.

Nimm zum Schluss wieder ein paar tiefe und besonders achtsame Atemzüge. Öffne dann deine Augen und spüre intensiv in dich hinein. Vertraue deiner Intuition, dass die Botschaften der Gefühle aus der Meditation (sei es bewusst oder unbewusst) nun positiven Einfluss auf dein Leben nehmen werden.

BIST DU BEREIT FÜR LEVEL 6?

Du hast damit begonnen, deine Achtsamkeit auf deine innere Welt auszuweiten. Bist du in der Lage, deine Gefühle zu beobachten, ohne dass sie deinen Fokus komplett vereinnahmen? Kannst du gleichzeitig Gefühle, Umgebung, Körper und Atmung beobachten? Gibt es für dich keinen Unterschied mehr zwischen positiven und negativen oder schwachen und starken Gefühlen? Kannst du einfach beobachten, was auch immer in dein Gewahrsein kommt, ohne darüber zu urteilen oder dem Gefühl hinterherzulaufen? Wenn du dich bereits von der Identifikation mit Gefühlen befreien konntest, dann ist es für dich an der Zeit, tiefer in die innere Wahrnehmung einzutauchen. Lass uns in der kommenden Lektion mit deinem Verstand arbeiten und das Gedankenkarussell zum Stillstand bringen.

STUFE 6

DIE GEDANKEN

WARUM WIR KEINEN FREIEN WILLEN HABEN

Seit der letzten Woche konnte ich jeden Tag immer mehr von meinen schweren Emotionen loslassen und fühlte mich immer leichter und freier. Es war, als ob ich meine Vergangenheit hinter mir lassen und Frieden schließen konnte. Ich wunderte mich, wie stark Meditation auf mich wirkte. Umso mehr freute ich mich auf die neue Trainingswoche.

Kym eröffnete die Stunde: »Letzte Woche hast du ein Gefühl dafür bekommen, wie es ist, wenn sich dein Ego beginnt aufzulösen. Wie du mit deinen Gefühlen umgehen kannst, hast du nun gelernt. Jetzt möchte ich dir zeigen, wie du deinen Verstand aufbrechen kannst, sodass du die Kontrolle über deine Gedanken zurückgewinnst. Klingt das spannend?«

Das Thema beschäftigte mich schon sehr lange, deshalb freute ich mich: »Oh ja, und wie! Meine Gedanken machen mir immer noch zu schaffen. Manchmal verliere ich mich einfach in ihnen und kann gar nicht in der Beobachtung bleiben.«

Er überlegte einen Moment und schaute mich dann eindringlich an. Dann fragte er: »Rauchst du eigentlich noch?«

Die Antwort war mir unangenehm: »Ähm … ja, leider habe ich es nicht wirklich geschafft, mich davon zu lösen.«

Er hatte wohl sichtlich Mitgefühl mit mir. »Okay, das wird deine

Challenge für diese Woche. Deine Sucht wird dir sehr deutlich zeigen, wie unser Verstand funktioniert. Glaubst du eigentlich, dass wir einen freien Willen haben?«

»Klar können wir frei entscheiden und unsere Möglichkeiten frei wählen. Oder glaubst du etwa, dass alles irgendwie vom Schicksal vorherbestimmt ist?«

»Erinnere dich an die letzte Woche im Thermalbecken. Wie viel Kraft hat es gekostet, deinen freien Willen durchzusetzen? Du hast sehen können, wenn du ganz bewusst bist, dann hast du einen freien Willen. Wenn du unbewusst bist, dann macht dein Körper bzw. dein Verstand, was immer er gerade machen will.« Er machte mit seinen Fingern die Bewegung des Rauchens.

»Ich verstehe! Zum Beispiel rauchen, stimmt's? Mein Körper und mein Verstand zwingen mich praktisch dazu, wenn ich unbewusst bin?«

»Exakt! Auf physischer Ebene entstehen unsere Gedanken durch Aktionspotenziale in unseren Nervenzellen. Vor allem im Gehirn und Rückenmark finden sich die meisten dieser Neuronen – insgesamt etwa 100 Milliarden. Sie tauschen über ihre Kontaktstellen, die sogenannten Synapsen, elektrische Impulse aus und ermöglichen uns so unter anderem das Denken. Die meisten dieser Prozesse laufen im Hintergrund ab. Wir bekommen von einem Großteil unserer Gedanken kaum etwas mit. Unsere mentalen Prozesse sind vergleichbar mit dem eines Hochleistungscomputers. In jedem Augenblick werden Millionen von Rechenoperationen gleichzeitig ausgeführt.«

Er nahm drei kleine Bälle, die in einer geschnitzten Holzschale lagen, und begann damit zu jonglieren – während er weitersprach: »Wir nehmen unsere Umgebung über unsere Sinnesorgane wahr und verarbeiten alle Informationen völlig automatisch. Wir können eine befahrene Straße überqueren, während wir Musik hören, aus einem Kaffeebecher schlürfen und gleichzeitig an die Präsentation denken, die morgen ansteht. Alle dafür notwendigen Prozesse, jeder Schritt, jede Muskelbewegung, jedes Geräusch und jeder Gedanke, finden zur selben Zeit statt, ohne dass wir Kenntnis davon nehmen.«

»Ja, stimmt«, gab ich zu und staunte darüber, wie er so lässig jonglierte, während er sprach. »Es ist echt beeindruckend, wie viel in uns geschieht, ganz unbewusst.«

»Ja, und unser Herzrhythmus, unsere Atmung, unsere Körpertemperatur und Verdauungsprozesse werden auch von unserem Unterbewusstsein gesteuert. Müssten wir uns bewusst darum kümmern, wären wir total überfordert. Im Thalamus werden deshalb nur die wichtigsten Informationen herausgefiltert, die gerade für uns relevant sind. Er wird daher auch als das Tor zum Bewussten bezeichnet.«

»Sowas wie ein Türsteher?«, lachte ich.

»Ganz genau! Unser Verstand besteht aus zwei Teilen. Zum einen dem unbewussten Verstand, in dem Informationen blitzschnell und massenhaft verarbeitetet werden, und zum anderen aus dem bewussten Verstand, der zwar langsam, aber dafür sehr präzise funktioniert.«

»Okay, ja, das macht auf jeden Fall Sinn!«

Kym hörte auf zu jonglieren und warf die Bälle zurück in die Schale. »Der Verstand lässt sich mit einem Eisberg vergleichen, der aus dem Meer ragt. Die Spitze stellt unseren bewussten Verstand dar, während der größte Teil weit unter der dunklen Meeresoberfläche verborgen liegt. Das soll dir anschaulich machen, welchen Einfluss die unbewussten Prozesse auf dich haben. Die meisten unserer Entscheidungen finden unbewusst statt. Deswegen fällt es dir so schwer, das Rauchen sein zu lassen, auch wenn du es noch so sehr versuchst. Unsere unbewussten Prozesse sind unglaublich mächtig, weil hier unsere tiefsten erlernten und vererbten Konditionierungen liegen.«

Er machte eine kleine Pause, dann fuhr er fort: »Wenn wir unbewusst sind, trifft unser Unterbewusstsein unsere Entscheidungen. Es mag an der Eisbergspitze der stärkste Wind wehen, doch wenn sich nur eine kleine Strömung im Meer gegen den Wind richtet, bewegt sich der gesamte Eisberg in Richtung der Strömung.«

»Okay, aber eigentlich habe ich doch immer den Eindruck, dass ich meine Entscheidungen bewusst treffe. Selbst wenn ich eine Zigarette aus der Schachtel nehme.«

»Ich verstehe, dass es sich für dich bewusst anfühlen mag. Doch hast du schon einmal über dein Unterbewusstsein nachgedacht?«

Wissenschaftliche Untersuchungen geben erstaunliche Hinweise auf die Macht unseres Unterbewusstseins. 1964 führten deutsche Hirnforscher das sogenannte Libet-Experiment durch.[42] Dabei wurden Menschen an ein EEG angeschlossen, das ihre Hirnströme maß. Dann wurden sie dabei beobachtet, was im Gehirn vor sich ging, wenn sie freie Entscheidungen trafen. Der Versuchsteilnehmer sollte hierzu einfach auf einen Knopf drücken, wenn er glaubte, dass er die Entscheidung bewusst traf. In dem betreffenden Moment sollte er sich die Position der Uhrzeiger merken. Das Ergebnis zeigt, dass es ungefähr 200 Millisekunden dauert, bis es von der bewussten Entscheidung zu einer bewussten Handlung kommt. Doch das Verblüffendste ist, dass ungefähr 500 Millisekunden vor der Handlung ein Aktionspotenzial im Gehirn gemessen werden kann. Das bedeutet, dass das Unterbewusstsein bereits eine halbe Sekunde vor einer Handlung eine Entscheidung getroffen hat – lange bevor die Entscheidung als bewusster Vorgang wahrgenommen wurde. Libet fand allerdings auch heraus, dass die unbewusst getroffene Entscheidung noch 200 Millisekunden vor ihrer Ausführung abgebrochen werden kann.[43] Unserem bewussten Verstand steht also eine Art Vetorecht zu.

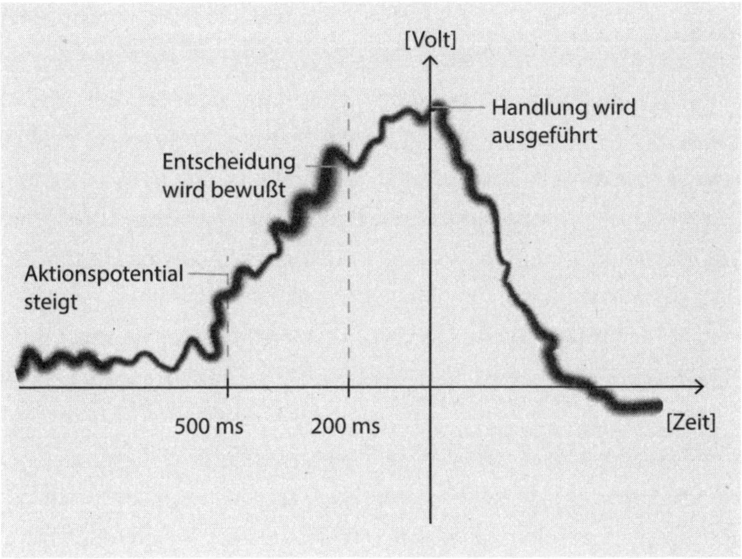

»Unser Unterbewusstsein kommt uns oft zuvor«, konstatierte Kym.

Ich war sichtlich verwirrt: »Wie? Du meinst, bevor wir die bewusste Entscheidung getroffen haben, hat sich unser Unterbewusstsein bereits entschieden?«

»Ganz genau! Unser freier Wille ist also viel mehr eine Illusion, als wir glauben möchten. Ich sagte doch, wir sind auf Automatik geschaltete Roboter. Alles, was wir erleben, ist das Produkt unserer genetischen Programmierung und unserer erlernten Konditionierungen.«

»Okay, aber das steht doch im Gegensatz zu dem, was du mir immer gesagt hast. Ich dachte, unser Leben liegt uns zu Füßen ...«

Er fiel mir aufgeregt ins Wort: »... wenn wir bewusst sind! Wir haben also keinen freien Willen, sondern einen freien Unwillen.« Er hielt inne und sah mich eindringlich an.

»Okay, was genau willst du mir damit sagen, Kym? Das ist zwar spannend, aber ich kann damit noch nicht wirklich viel anfangen.«

»Wie viel mentale Energie kostet es dich, das Verlangen nach einer Zigarette zu unterdrücken? Das Neinsagen fällt uns viel schwerer, als einfach Ja zu sagen und es über uns ergehen zu lassen. Bewusst zu sein und dich vom falschen Weg abzubringen erfordert anfangs viel Energie und wird anstrengend sein. Doch wenn du oft genug den richtigen Weg gehst, dann programmiert sich dein Unterbewusstsein um. Das nennt sich Neuroplastizität. Dann wird es irgendwann ganz leicht sein. Mit diesem Wissen können wir die Macht des unbewussten Verstandes aushebeln. Nutze also deinen freien Unwillen, um dein Unterbewusstsein neu zu konditionieren, damit es deinem echten freien Willen folgt. Nur so kannst du dich in die Schaltzentrale setzen und die Richtung deines Lebens bestimmen. Der Verstand ist ein guter Diener, aber ein schlechter Herrscher! Wenn du nicht bewusst bist und nicht in der Schaltzentrale sitzt, dann bist du dem Schicksal unterworfen. Lass das nicht zu! Auch wenn es manchmal anstrengend sein mag, dich immer wieder auf den richtigen Kurs zu justieren – nur so kannst du deinen Verstand überwinden und den Zugriff auf dein wahres Selbst erhalten.«

Er ging zu meiner Tasche und wühlte aus ihr meine Zigarettenschachtel hervor. Er öffnete sie, legte das Feuerzeug daneben und forderte mich heraus: »Denk jetzt daran, wie das Bereitschaftspotenzial funktioniert. Nimmst du die Nicht-Rauchen-Challenge an?«

Ich beobachtete bewusst, was passierte. Es kamen Gedanken hoch, die sich gegen die Challenge stellten, doch nun wusste ich mein Vetorecht einzusetzen. Ein neuer Gedanke kam auf. Ich nahm die Zigarettenschachtel in die Hand und zerdrückte sie samt den Glimmstängeln. Entschlossen antwortete ich: »Ich nehme die Challenge an!«

DEM BEWUSSTSEIN AUF DER SPUR

Sicherlich sind bereits ein paar Wochen vergangen, seitdem du begonnen hast regelmäßig zu meditieren. Jetzt sollte dir langsam auffallen, wie sich die Vorteile der Meditation auch im Alltag zu zeigen beginnen. Spätestens jetzt dürftest du merken, dass Meditation zum Leben gehören sollte wie das tägliche Zähneputzen. Du hast bisher lernen können, wie du deine Achtsamkeit in deinem Atem bündeln kannst, über deinen Körper und die Umgebung ausdehnst und auf dein Inneres richtest. So konntest du in der letzten Stufe deine Gefühle beobachten und lernen, besser mit ihnen umzugehen. In dieser Lektion werden wir noch tiefer in die innere Wahrnehmung eintauchen und uns nun mit unseren Gedanken beschäftigen.

Unsere Gedanken können wir nicht abstellen; sie sind immer da. Vielleicht hast du bereits probiert, für einen Moment an nichts zu denken. Besonders dann, wenn wir es mit Absicht versuchen, gelingt es uns erst recht nicht. Gedanken kommen und gehen, ähnlich wie unsere Gefühle und ähnlich wie die äußere Wahrnehmung. Wir denken zwar, dass wir die Kontrolle über sie hätten, doch das stimmt nicht ganz. Viele unserer Gedanken entspringen direkt aus unserem Unterbewusstsein. Alle erfahrenen Meditationsmeister wissen, dass es nicht darum geht, ihre aufkommenden Gedanken zu kontrollieren, sondern sie wahrzunehmen und zu beobachten. Es ist sehr hilfreich zu verstehen, wie unser Verstand funktioniert, damit wir lernen können, richtig mit unseren Gedanken umzugehen.

Unser Verstand besteht aus dem bewussten und dem unbewussten Teil. Denk hier wieder an die Metapher mit dem Eisberg. Die meisten Entscheidungen, die wir fällen, nehmen wir vielleicht bewusst wahr, sie werden aber tief in unserem Unbewussten getroffen. Das ist auch der Grund, warum Werbung so gut funktioniert. Die Industrie weiß dank der Verkaufspsychologie, wie sie unser Unbewusstes ansprechen muss, um ihre Umsätze zu steigern. Die meisten Menschen in der Kassenschlange würden nicht zugeben wollen, dass ihre Kaufentscheidung durch die Werbung manipuliert wurde, aber genau das ist sehr häufig der Fall. Und das ist die Schwäche unseres Unbewussten. Es lässt sich sehr leicht durch äußere Einwirkung manipulieren. Das Unbewusste reagiert sofort mit bestimmten Gedankenmustern, die wir über viele Jahre in uns einprogrammiert haben. Es funktioniert also ähnlich wie ein Computer. Die meisten Gedanken entspringen aus tiefsitzenden konditionierten Mustern. Viele davon sind nicht nur erlernt, sondern auch genetisch an uns vererbt worden.

Das stellt uns im Alltag vor vielerlei Schwierigkeiten. Du bist nicht nur den Manipulationsversuchen der Werbeindustrie ausgesetzt, sondern auch dein Chef, deine Arbeitskollegen, deine Freunde, deine Familie oder sogar dein Lebenspartner versucht, Einfluss auf deine Entscheidungen zu nehmen. Deshalb ist es ausgesprochen wichtig, dass du diesen Prozess, der ständig in dir abläuft, erkennst.

Der unbewusste Verstand ist aber nicht immer schlecht für uns. Ganz im Gegenteil, er ist sogar ausgesprochen nützlich, weil er viele Prozesse und Gedankengänge automatisiert. So hat unser Blut immer die richtige Temperatur, unsere Atmung passt sich ständig der aktuellen Situation an, unser Herz schlägt in der richtigen Frequenz und unsere Zellen erneuern sich ganz automatisch. Wir können über 650 Muskeln bewegen und dadurch laufen, sprechen, schreiben, und das alles sogar gleichzeitig und ohne bewusst darüber nachdenken zu müssen. Was auf der einen Seite ein großes Geschenk ist, ist auf der anderen Seite eine große Last.

Glücklicherweise sind wir noch mit einem bewussten Verstand ausgestattet. So können wir uns vor negativen Einflüssen schützen und kritisch hinterfragen, was gut und was schlecht für uns ist. Wir können mit unserem bewussten Verstand die unterbewussten Programmierungen verändern. Die meisten Menschen nutzen diese Fähigkeit aber nicht. Viele Menschen glauben zwar, dass sie bewusst entscheiden, tun dies aber doch aus ihren unbewussten Programmierungen heraus. Das ist das Tückische an unserem Verstand. Wir glauben zwar, dass wir jederzeit die Kontrolle über ihn hätten, doch das ist nur eine Illusion. Aus diesem Grund sind wir Süchten, schlechten Gewohnheiten und Manipulationen unterworfen. Wir können aber lernen aufzuwachen. Wir können mit dem bewussten Verstand unbewusste Gedankengänge erkennen und umprogrammieren. So reagieren wir nicht mehr mit dem Unbewussten auf unsere inneren und äußeren Reize, sondern können ganz bewusst agieren. Wir können unsere Entscheidungen bewusst wählen und so Architekten unserer eigenen Zukunft werden. Es ist zwar nicht möglich, von heute auf morgen alle schlechten Gewohnheiten, Programmierungen und Konditionierungen zu entlarven und durch neue Gedankengänge zu ersetzen, doch mit etwas Geduld werden sich die kleinen Erfolge summieren. So kannst du Tag für Tag deinen unbewussten Verstand so programmieren, dass er für dich arbeitet anstatt gegen dich.

Alles, was du dafür benötigst, ist deine Achtsamkeit. In dieser Lektion werden wir deine Gedanken näher in den Fokus nehmen, sodass du lernst, zwischen unbewussten und bewussten Gedanken zu unterscheiden. So erwirbst du die Fähigkeit, Entscheidungen bewusst in deine eigenen Hände zu nehmen, anstatt inadäquat – wie ein Roboter – auf bestimmte Situationen mit einer eigentlich ungewollten Handlung zu reagieren. Dein Verstand ist wie das Zusammenspiel eines Elefanten und eines Reiters, der auf seinem Rücken sitzt. Wenn der Reiter (der bewusste Verstand) schläft – und genau das ist bei den meisten Menschen der Fall –, wird der Elefant (der unbewusste Verstand) das machen, was ihm in den Sinn kommt. Wenn er nach links gehen will, geht er nach links. Wenn er fressen will, dann wird er fressen. Wenn er stehen bleiben will, bleibt er stehen. Der Reiter hat erst Einfluss auf den Elefanten, wenn er wach ist. Es kann dann aber gut sein, dass der Elefant sich vorerst nichts vom Reiter befehlen lassen will. Erst wenn beide sich gut kennen und eine innige Beziehung aufgebaut haben, können sie gemeinsam den Weg in die richtige Richtung beschreiten.

Genau das werden wir in unserem Achtsamkeitstraining umsetzen. Du lernst deine unbewussten Gedanken kennen. Du lernst aber auch deine bewussten Gedanken kennen. Du wirst den Konflikt zwischen diesen beiden Instanzen besser wahrnehmen können. Das wird dir automatisch dabei helfen, unbewusste Entscheidungen zu identifizieren und, noch bevor es zu einer ungewollten Handlung kommt, mit einer neuen, bewussten Entscheidung zu agieren. Du wirst merken, dass du viel entspannter und gelassener wirst. Du beginnst dir selbst zu vertrauen, da du lernst, mit deinen Gedanken umzugehen, sie zu beobachten und zu akzeptieren.

Dazu werden wir in den folgenden Übungen unsere Aufmerksamkeit weiter ausdehnen, um auch unsere Gedanken beobachten zu können. Wir werden nicht versuchen, sie zu ändern, sie zu verdrängen oder auf sie einzugehen. Wir werden auch hier einfach nur beobachten, was im gegenwärtigen Moment da ist. Erinnere dich an die Metapher mit dem Wasserfall. Auch in dieser Übung werden wir aus dem Wasserfall treten, einen Schritt nach hinten gehen und alles aus der Beobachterposition wahrnehmen. So wirst du lernen, deine Gedanken mit der Zeit besser wahrzunehmen, sie besser einschätzen zu können, ihnen zu widerstehen und neue, bewusste Gedanken hervorzuholen.

AKTIVE MEDITATION: **DAS GIBBERISH**

Oft fällt es uns schwer, unsere Gedanken absichtlich zu beobachten, weil sie etwas scheu sind. Und doch versinken wir in ihnen, wenn unser Fokus zu sehr von ihnen gefesselt ist. Diese aktive Meditation hilft uns dabei, einerseits aus dem stetigen Gedankenkarussell auszusteigen und gleichzeitig den Fluss unserer Gedanken gut zu beobachten. Sie wurde vor vielen Jahrhunderten von einem Sufi-Meister namens Jabbar entwickelt. Von Jabbar wird berichtet, dass er nie in verständlicher Sprache geredet, sondern nur unsinnige Worte, Laute und Gesten von sich gegeben habe. Auf diese Weise überwand er die Grenzen der Sprache und konnte sein wahres Selbst besser ausdrücken. Seine Kommunikation mit seinen Schülern fand also nicht von Verstand zu Verstand statt, sondern von Herz zu Herz. Seine Schüler mussten selbst interpretieren, was er ihnen mitteilen wollte. Angeblich soll jeder Vierte seiner Gefolgschaft die Erleuchtung erreicht haben. In den letzten Jahrzehnten wurde die Technik durch Osho populärer, ist jedoch bis heute noch kaum bekannt.

Die Anleitung ist sehr simpel, doch ziemlich ungewöhnlich und verrückt. Lass dich davon nicht abschrecken, denn wenn du dich auf die Technik einlässt, dann macht sie richtig Spaß und hat einen sehr starken Effekt auf dich. Beginnen kannst du die Meditation im Sitzen oder Stehen. Gib dann willkürliche Laute und Worte von dir. Versuche, eine neue, unbekannte Sprache zu sprechen, die niemand kennt, nicht mal du selbst. Erforsche, welche Stimmlagen und Klänge du von dir geben kannst. Denk nicht darüber nach, was du sagst, sondern lass es einfach aus dir heraussprudeln. Nutze deine gesamte Gesichtsmuskulatur und bewege deinen Körper, um zu gestikulieren. Du kannst dich auch frei im Raum bewegen, dich hinsetzen, aufstehen oder dich auf den Boden legen. Hauptsache, du kannst deine Gedankengänge frei und ungefiltert zum Ausdruck bringen. Anfangs wirst du vermutlich noch den Eindruck haben, dass du diese Art zu sprechen etwas forcieren musst, doch wenn du tiefer in die Meditation einsteigst, wird sich der Prozess verselbstständigen. Wenn du im Fluss bist, wirst du deine Gedanken während der Meditation klar sehen können und verstehen, was sie dir wirklich sagen wollen. Dabei kannst du den Eindruck haben, dass du durch die verschiedenen Stimmlagen in bestimmte Rollen schlüpfst und sozusagen eine innere Konversation führst. Das ermöglicht dir, auch die Gedanken zutage zu fördern, die tief in deinem Unbewussten liegen. Empfehlenswert ist eine Dauer von 10 bis 20 Minuten und eine anschließende Meditation in der Stille.

PASSIVE MEDITATION: DIE GEDANKEN-BEOBACHTUNG

Die folgende Anleitung mag auf den ersten Blick vielleicht etwas kompliziert wirken. Lass dich davon nicht beirren und lies sie ruhig mehrmals durch, bevor du mit der Durchführung beginnst.

Nimm deine Meditationshaltung ein. Schließe deine Augen, wenn du so weit bist, und starte die Meditation mit drei tiefen, besonders achtsamen Atemzügen.

Atme danach ganz intuitiv weiter. Ganz nach deinem Rhythmus. Gerne kannst du deine Achtsamkeit über Atem, Körper und Umgebung für eine kurze Zeit erweitern. Wenn du so weit bist, kannst du beim Atmen immer weiter und immer tiefer nach innen blicken. Beim Einatmen tankst du Energie und Stabilität. Beim Ausatmen lässt du immer weiter locker und entspannst. Du lässt dich immer tiefer in deine innere Wahrnehmung fallen. Nimm auch gerne für einen Moment die Gefühle wahr, die zwischenzeitlich auftauchen, so wie bei der Meditationsübung aus der letzten Lektion. Lenke dabei deine Achtsamkeit immer weiter nach innen.

Richte dann deine Achtsamkeit auf das, was du hinter deinen geschlossenen Augenlidern sehen kannst. Vielleicht ist da zunächst nichts oder nur kleine funkelnde Punkte. Bleib für ca. 20 Sekunden in dieser Wahrnehmung. Richte im Anschluss daran deine Achtsamkeit vollständig auf das, was du hören kannst. Vielleicht hörst du Geräusche von außen, vielleicht ein inneres Piepen oder Summen. Bleibe auch hier für ca. 20 Sekunden. Richte dann deine Aufmerksamkeit auf deinen Fühl- und Tastsinn. Beobachte, was du spüren kannst. Vielleicht ist es zunächst der Kontakt zur Sitz- oder Liegefläche. Danach wechselst du erneut zur visuellen Wahrnehmung. Schau dir wieder das an, was du hinter deinen geschlossenen Augenlidern sehen kannst, und sinke noch tiefer hinein. Vielleicht siehst du jetzt mehr Punkte oder auch geometrische Formen. Beobachte wieder für ein paar Sekunden, ohne zu werten. Dann gehst du wieder zur auditiven Wahrnehmung über. Vielleicht kannst du bald innere Stimmen aus erinnerten Gesprächen wahrnehmen.

Nach einer kurzen Zeit kannst du dich wieder der taktilen Wahrnehmung widmen. Was spürst du? Vielleicht kannst du innerlich auch etwas wahrnehmen und fühlen. Beobachte auch hier, ohne etwas zu bewerten.

Wechsle für die nächsten Minuten immer wieder zwischen diesen drei Wahrnehmungen. Bleib für ca. 10 bis 20 Sekunden jeweils bei einer Wahrnehmungsform.

Für die ersten Übungsanläufe reicht vorerst diese Anleitung. In den kommenden Tagen kannst du mit den zusätzlichen Erweiterungen noch tiefer in die Meditation einsteigen. Das hilft dir dabei, noch besser wahrzunehmen, was in dir aufkommt. Deine Gedanken sind immer an innere visuelle, auditive oder taktile Wahrnehmungen gebunden. Wenn du den Blick nach innen schulst, dann hilft dir das automatisch dabei, aufkommende Gedanken besser zu beobachten.

Um die Meditation abzuschließen, richtest du deine Aufmerksamkeit über die Atmung auf deinen Körper. Komm aus der inneren Wahrnehmung wieder in die äußere. Beobachte deine Meditationshaltung und nimm ein paar tiefe, besonders achtsame Atemzüge. Nun kannst du dich langsam bewegen, strecken und deine Augen öffnen. Wenn deine Gedanken etwas wild waren, ist das nichts, was dich ärgern muss. Denk auch hier an die Metapher mit dem Wetter: mal ist es klar und sonnig, mal ist es bewölkt oder stürmisch. Wichtig ist, dass du immer wieder in die Beobachterposition zurückkehrst.

ERWEITERUNG

Um noch tiefer in deine innere Wahrnehmung zu gelangen, dehnen wir die Zeit der einzelnen inneren Wahrnehmungsformen aus. Beobachte dafür weiter, was in dir erzeugt wird. Jede innere Wahrnehmung ist der Ausdruck eines Gedankens. Bleib jetzt für eine längere Zeit (ca. eine Minute) in der visuellen Beobachtung und beobachte, was du sehen kannst. Konzentriere dich auf die inneren Bilder, die dabei entstehen. So kannst du deine Gedanken in visueller Form sehen.

Geh dann wieder in die auditive Wahrnehmung über. Hör dir die Geräusche an, die entstehen und die du aus deinem Inneren hören kannst. Auch sie sind Gedanken. Bleib auch hier für eine längere Zeit und beobachte die auditive Wahrnehmung, ohne von der Übung abzuschweifen.

Anschließend richtest du deine innere Wahrnehmung auf das, was du innerlich fühlst. Gedanken lösen oft Gefühle oder Empfindungen aus. Bleib auch hier für ca. eine Minute in der Wahrnehmung. Beginne anschließend erneut mit den visuellen Eindrücken.

Wechsle auch hier für die nächsten Minuten immer wieder zwischen diesen drei Wahrnehmungsformen im Ein-Minuten-Takt ab, bis du schließlich alle drei Wahrnehmungsformen gleichzeitig beobachten kannst. Blicke nach innen und halte zur gleichen Zeit Ausschau nach visuellen, auditiven oder taktilen Reizen. Manchmal bist du auch in der Lage, mehrere Reize gleichzeitig wahrzunehmen. Beobachte die Gedanken, die hinter diesen inneren Reizen stecken.

BIST DU BEREIT FÜR LEVEL 7?

Nun hast du deine Achtsamkeit auf die äußere Welt und die innere Welt ausgedehnt. Du solltest dich mit Leichtigkeit in die Wahrnehmung deines Atems, deines Körpers, der Umgebung, der Gefühle und Gedanken vertiefen können. Es sollte dir auch leichtfallen, deinen Fokus zu kontrollieren und in eine lange und tiefe Meditation einzusteigen, ohne häufig abzuschweifen. In dieser Lektion werden wir beginnen, das Ego zu beobachten und unsere Achtsamkeit maximal auszudehnen. Starte mit diesem Kapitel, wenn du dich bereit fühlst, deine Ego-Schichten aufzulösen und hinter die Fassade deines Egos zu blicken. Lass uns nun damit beginnen, deinem wahren Selbst einen Schritt näher zu kommen.

STUFE 7

DAS EGO

WER WIR WIRKLICH SIND

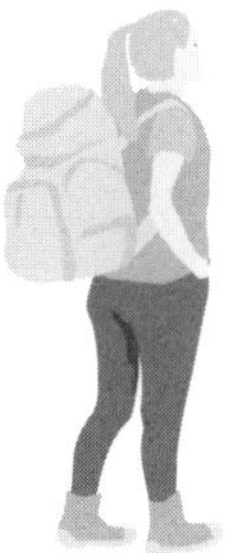

Eine Woche ist es nun her, dass ich keine Zigarette mehr angefasst habe. Ich konnte es selbst kaum glauben, aber mit dem Rauchen aufzuhören hat mir sogar Spaß gemacht, weil ich dadurch so viele Einblicke in meinen Verstand gewinnen konnte. Immer wenn das Verlangen nach einer Zigarette aufkam, ging ich in die Beobachterposition und schaute zu, wie mein Verstand arbeitet. Ich fand es sehr spannend, meine Gedanken aus der Distanz zu beobachten und hautnah mitzuerleben, wie sie mich versuchen zu kontrollieren. Auch Kym war sehr stolz auf mich: »Luisa, du hast in den letzten Wochen gelernt, dein Achtsamkeitsfeld auszudehnen und Stück für Stück von deinem Körper, der Umgebung, deinen Gefühlen und deinen Gedanken loszulassen. Heute werden wir damit beginnen, die Identifikation mit deinem Ego aufzulösen und Zugang zu deinem wahren Selbst zu finden! Bereit?«

Ich nickte. Schon seit Tagen war ich voller Vorfreude auf diesen Moment.

»Stell dir vor deinem inneren Auge ein Koordinatensystem vor«, forderte Kym mich auf.

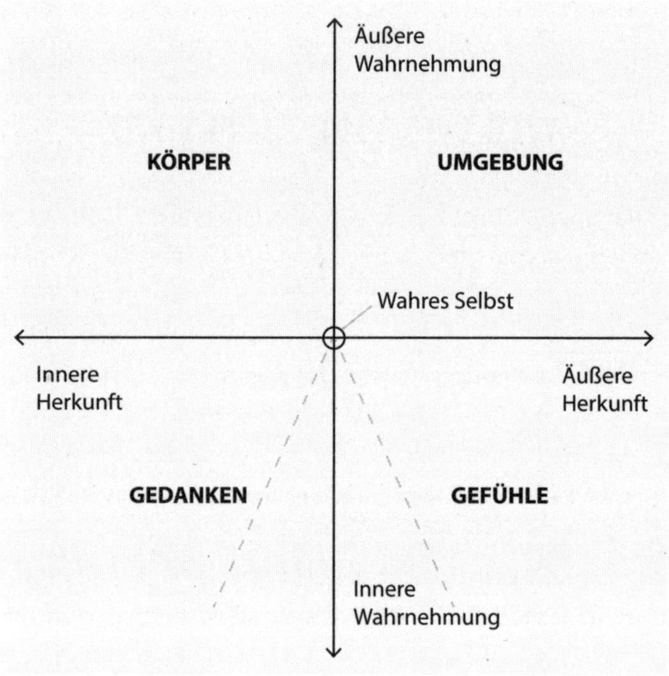

»Dein Körper befindet sich im oberen linken Quadranten. Hier haben wir unsere Reise begonnen. Der Körper ist mit der äußeren Wahrnehmung, aber auch der inneren Herkunft identifiziert. Wir wissen, dass der Körper tief aus unserer inneren Energie entstanden ist, aber zur äußeren Welt gehört, weil wir ihn mit unseren Sinnen wahrnehmen können.

Die Umgebung liegt im oberen rechten Quadranten und ist mit der äußeren Wahrnehmung und der äußeren Herkunft identifiziert. Alles, was aus diesem Bereich stammt, steht am engsten mit der äußeren Welt in Verbindung. Und weil wir diese Welt kaum kontrollieren können, fällt es uns recht leicht, die Identifikation damit loszulassen. So weit klar?« Er sah mich fragend an. Ich nickte.

»Viel schwieriger ist es im rechten unteren Quadranten, wo unsere Gefühle liegen. Sie sind Teil der inneren Wahrnehmung, aber der Äußeren Herkunft. Denn Gefühle werden von der äußeren Welt getriggert, doch sie wirken sich auf unsere innere Welt aus. Und dann gibt es noch unsere Gedanken im unteren linken Quadranten. Sie sind innerer Herkunft und unterliegen unserer inneren Wahrnehmung. Sie stehen am engsten mit unserer inneren Welt in Verbindung. Doch bei Gedanken und Gefühlen gibt es eine Besonderheit: Gefühle können auch zu einem Teil innerer Herkunft sein, genauso wie Gedanken auch zum Teil äußerer Herkunft sein können. Deswegen gibt es hier zwischen dem dritten und vierten Quadranten keine klare Abtrennung. Sie gehen eher fließend ineinander über. Und jetzt kommt die Millionenfrage: Was glaubst du, in welchem dieser Quadranten liegt dein Ego?«

»Ähm ... schwierig ... also ... wahrscheinlich nicht in unserer Umgebung, im Körper wahrscheinlich auch nicht ... Aber unser Körper steuert doch so viel ganz unbewusst. Und unsere Gedanken erst recht ... Und können uns nicht auch unsere Gefühle unbewusst beeinflussen? Puh! Wahrscheinlich sitzt unser Ego in unserem Verstand. Also, ich würde sagen: in unseren Gedanken?«

»Nicht ganz! In Wahrheit ist unser Ego das gesamte Koordinatensystem: unser Körper, die Umgebung, Gefühle und Gedanken. Sowohl unsere äußere als auch unsere innere Welt. Die Achsen des Koordinatensystems sind Qualitäten unseres Egos. Manche Menschen identifizieren sich mehr mit ihrer inneren Wahrnehmung und der äußeren Herkunft der Wahrnehmung – also ihren Gefühlen. Andere sind vor allem mit der äußeren Wahrnehmung und ihrer inneren Herkunft identifiziert – also ihrem Körper. Jeder Mensch hat sein ganz persönliches Identifikationsprofil. Du beispielsweise identifizierst sich sehr stark mit deinem Körper und deinen Gedanken. Deshalb dachtest du, dass dein Ego hier liegt. Doch in Wahrheit ist dein Ego alles, was du wahrnehmen kannst, egal, ob die Wahrnehmung aus deiner inneren oder der äußeren Welt stammt.«

»Das ist ja eine sehr interessante Ansicht! Also das Ego ist die Summe meiner Körperempfindungen, meiner Umgebungswahrnehmung, meiner Gefühle und Gedanken?«

»Ja, das Ego ist alles, was du wahrnehmen kannst. Alles, was wir in den letzten Wochen beobachtet haben. Und deine Wahrnehmung lässt sich in diese vier Bereiche unterteilen. Doch in Wahrheit sind sie eins. Alles davon ist dein Ego. Alles, was du beobachten kannst, ist Teil deines Egos. Jede Art der Wahrnehmung ist nichts anderes als ein Reiz in deinem Achtsamkeitsfeld, egal, ob du ihn im Innen oder Außen wahrnimmst oder ob er von innen oder außen kommt. In den letzten Wochen haben wir immer in eine spezielle Richtung des Egos geblickt. Wir haben unsere Beobachtung von der Mitte des Koordinatensystems beispielsweise auf unseren Körper gerichtet und unsere Identifikation damit aufgelöst. Dann haben wir das Gleiche mit unserer Umgebung gemacht, mit unseren Gefühlen und Gedanken. In dieser Woche blicken wir von der Mitte aus gleichzeitig in alle vier Richtungen. Wir beobachten alle Reize aus dem Körper, der Umgebung, den Gefühlen und den Gedanken simultan. Wir machen keinen Unterschied zwischen äußerer und innerer Welt. Dann können wir unser Ego vollumfänglich wahrnehmen und damit beginnen, die Identifikation damit aufzulösen. Denn dein wahres Selbst liegt nicht irgendwo innerhalb des Koordinatensystems, sondern im absoluten Nullpunkt. Dort, wo die innere und äußere Welt aufeinandertreffen und eins sind. Alles, was außerhalb dieses Nullpunktes liegt, ist Ego. Verstanden?«

»Wow, das ist ja genial: eine mathematische Beschreibung unseres Egos. Jetzt verstehe ich, was es genau ist und wie es funktioniert. Und ich glaube, ich verstehe jetzt auch, wo ich nach meinem wahren Selbst suchen muss. Es ist so logisch und so einfach mit diesem Modell.«

»Es ist schön, dass du es verstehst. Doch kognitives Wissen ist nicht der Schlüssel, es kommt auf die Erfahrung an. Erinnere dich an unseren Ausflug zu den heißen Quellen. Dort konntest du für einen Moment dein Ego überwinden. Erinnere dich an dieses Gefühl. Lass deine Identifikation als Körper, als Umgebung, als Gefühl oder Gedanke gleichzeitig los. Dann findest du das, was hinter dem Schleier des Egos liegt.«

DURCHBRICH DIE EGO-ILLUSION

In den letzten Lektionen hast du gelernt, deinen Atem, deinen Körper, deine Umgebung, deine Gefühle und auch deine Gedanken zu beobachten. Die Achtsamkeit und der Fokus waren deine ständigen Begleiter, deine Werkzeuge, mit denen du mehr Bewusstheit in dein Leben gebracht hast. Du wirst in dieser Stufe über den Tellerrand hinausblicken können und erkennen, wer oder was du bist und dein Ego überwinden.

Das Ego – was ist das überhaupt? Das Ego hat viele Facetten und ist ein wahrer Überlebenskünstler. Es begleitet dich schon sehr lange und hat vieles in deinem Leben entschieden. Das Ego ist deine Identität, es ist dein Körper, dein Verstand, deine Gefühle, deine Erfahrungen. All das, was du in den letzten Meditationsübungen beobachtet hast, sind Teile des Egos gewesen. Es ist dein menschlicher Trieb, dein Überlebensinstinkt und ein wichtiger Bestandteil deiner Existenz. Das Ego ernährt dich, wenn du hungrig bist. Es sorgt für ein sicheres Zuhause. Das Ego ist notwendig, damit deine Existenz hier auf der Welt gesichert ist. Das ist die gute Seite des Egos. Es ist einerseits ein guter Freund, andererseits aber auch ein trügerischer Feind. Das Ego kann habgierig, egoistisch oder machtgierig sein. Das Ego kann schnell maßlos werden und unser Verhalten negativ beeinflussen. Es liegt in seiner Natur, uns unbewusst zu machen. Es kann uns zu schlechten Menschen machen, wenn wir ihm vollkommen die Kontrolle überlassen. Es kann uns zu Menschen machen, die nur noch auf der Suche nach Konsum sind. Es kann uns aber auch zu Menschen machen, die sich davor fürchten, im Leben etwas zu verlieren. Das Ego wird ständig begleitet von der Angst. Es möchte seine Besitztümer, seine Identität und seinen Status bewahren. Es möchte das, was es besitzt, verteidigen – komme, was wolle.

Das Ego ist ein wichtiges, aber tückisches Programm, das uns sowohl hilfreich als auch hinderlich sein kann. Indem wir unser Ego kennenlernen, können wir uns selbst dabei unterstützen, Dinge zu tun, die hilfreich für uns sind, und wir können es daran hindern, unser Leben negativ zu beeinflussen. Ich möchte diesen wichtigen Satz erneut betonen: Das Ego ist ein guter Diener, aber ein miserabler Herrscher. In der letzten Lektion hast du den Unterschied zwischen dem bewussten und unbewussten Verstand kennengelernt. Hier hast du vielleicht erkennen können, bis wohin das Ego reicht. All unsere Gedanken, Gefühle, Wahrnehmungen und sogar unsere gesamten Erfahrungen finden in unserem Ego statt. Viele Menschen identifizieren sich deshalb zu stark mit diesem Ego und können nicht loslassen. Für die meisten ist es nicht vorstellbar, dass es noch einen Raum außerhalb des »Ich« und unserer Identität gibt. Doch diesen Raum gibt es, und ihn können wir durch die Meditation erfahren. Alle Inhalte deines Lebens entspringen dem Ego, doch eine Sache übersteigt das Ego: Es ist dein Fokus, deine Achtsamkeit bzw. der Beobachter selbst, der auf dein Ego blickt. Der Beobachter, der deine Gedanken denkt, der deine Gefühle fühlt und der die Welt wahrnimmt.

Denken ist nur möglich, wenn es einen Denker gibt. Gefühle können nur da sein, wenn es einen Fühlenden gibt. Wenn du dein Ego loslässt und die Identifikation mit ihm aufgibst, dann kannst du in einen Raum eintreten, der frei von Denken und Fühlen ist.

Dort findet sich nur reines Sein, reines Beobachten und Bewusstsein. Dort triffst du auf den Denker oder auf den Fühlenden. Dieses Sein umfasst alles und verbindet dein Ego mit deiner Umgebung und all deinen Mitmenschen. Es ist die Einheit.

Wenn wir aus dieser Perspektive auf unser Ego blicken, dann haben wir die Kontrolle darüber und können über unser Schicksal bestimmen. Dann können wir Leid überwinden und inneren Frieden finden.

So lernst du, richtig mit deinem Verstand und deinen Gefühlen umzugehen. Du erfährst auf diese Weise, was wahres Glück bedeutet. Nicht, indem du nur noch positive Gedanken in dir hast und dich ab sofort nur noch blendend fühlst. Vielmehr, indem du das große Ganze verstehen kannst. Indem du erkennst, dass auch negative Gefühle oder sorgenbehaftete Gedanken ihre Wichtigkeit im Leben haben. So kannst du von einem höheren Standpunkt aus auf dein Ego blicken und lernen, mit allen Lebenssituationen umzugehen und wahres Glück und Frieden in dir zu tragen.

Wie du den Zugang zu diesem egolosen Raum bekommst, möchte ich dir in dieser Lektion zeigen. Das wird gar nicht so einfach sein, denn unser Ego, unser Verstand, unsere Gefühle sind immer da und versuchen uns aus der Beobachterposition zu reißen. Immer wieder werden wir in den Strudel unserer Gedanken gerissen. Sobald sie unsere Aufmerksamkeit bekommen, können wir uns nur sehr schwer wieder von ihnen lösen. Vor allem dann, wenn unser Ego vor einem Problem oder einer Gefahr steht. Gedanken geben genau in solchen Momenten keine Ruhe. Und das macht es schwierig, durch sie hindurchzublicken und auf die Ebene unseres wahren Selbst zu gelangen.

Wenn wir uns in den Fängen unseres Egos befinden, wird unser wahres Selbst von ihm kontrolliert. Genau das ist bei den meisten Menschen der Grundzustand geworden. Selbst wenn du erwachst und dich vom Ego befreist, kannst du diesen Zustand meist nicht dauerhaft aufrechterhalten. Es mag dir zunächst vielleicht für einen Moment gelingen. Ein kurzer Moment des Erwachens. Ein Augenblick der Stille. Ein kurzes Gefühl der Einheit und Verbundenheit. Und dann … zack! … »schläfst« du wieder ein. Dann übernimmt das Ego wieder die Kontrolle, beginnt dich erneut mit deinem Ich zu identifizieren, und du beginnst unter deinen Gefühlen und Gedanken zu leiden. Du bist dann nicht mehr in der Beobachterrolle, sondern hast wieder auf den Autopiloten umgeschaltet.

Ich möchte dir einen Weg zeigen, wie du dich von deinem Ego lösen kannst und Momente des Seins erfährst. Zunächst kurze Momente, dann etwas längere. Erst wird dir das nur während der Meditationspraxis möglich sein. Später auch in deinem Alltag. Dann wirst du auch in einfachen Lebenssituationen einen erweiterten Blick erhalten und dein Leben wahrhaftig leben können. Du lernst, was Beobachten oder Achtsamkeit wirklich bedeutet. Dann wirst du erfahren, was dein wahres Ich ist und woher die Illusion des Egos kommt.

In der Achtsamkeitsübung dieser Stufe werden wir gezielt beobachten. Alles, was da ist: Atem, Geräusche, Gerüche, Gefühle, Gedanken … *Was* genau beobachtet das alles? Was fühlt, hört, denkt oder sieht etwas? Was sitzt da und atmet? Kehre deinen Blickwinkel um. Beobachte nicht von innen nach außen, sondern schaue von außen nach innen. Betrachte aus der Vogelperspektive Geräusche, Gerüche, Gedanken und Empfindungen. Mach keinen Unterschied zwischen Reizen aus der Umgebung oder Reizen, die aus dem Inneren kommen. Jede Empfindung ist gleichwertig. Du bist der reine Beobachter und nimmst einfach wahr. Ohne zu urteilen, ohne das Innere vom Äußeren zu trennen und ohne über gut oder schlecht zu entscheiden. Das ist die Aufgabe deines Verstandes. Der Beobachter beobachtet einfach alles, so wie es ist. So kannst du den Verstand beim Urteilen beobachten. Du kannst alles zum Objekt der Beobachtung machen. Es geht hier nicht darum, nicht mehr zu denken oder nicht mehr zu fühlen. Das ist nicht Teil der Praxis. Du nimmst vielmehr alles achtsam wahr, allerdings aus einer erweiterten Position. Aus einer Position, in der nur der Beobachter da ist, nur das reine Sein – frei vom Ego.

AKTIVE MEDITATION: **DAS VIPASSANĀ**

In dieser Übung wirst du den Unterschied zwischen dem Ego und dem Bewusstsein im Alltag kennenlernen. Diese Vipassanā-Meditation ist eine der ältesten Meditationspraktiken Indiens und kann noch viel tiefgehender praktiziert werden, als ich sie dir hier erklären werde. Doch ich möchte dir einen wichtigen Aspekt davon in dieser Anleitung mitgeben. Es ist eine sogenannte Einsichts-Meditation, die ganz einfach im Alltag angewendet werden kann. Du brauchst keinerlei Hilfsmittel dafür und kannst im Lauf des Tages ganz einfach in die Übung ein- und auch wieder aussteigen. Dazu musst du lediglich die Perspektive deiner Wahrnehmung ändern. Beginne am besten mit einer einfachen Tätigkeit, beispielsweise dem Zähneputzen, Abspülen oder Spazierengehen. Versuche nun, gedanklich einen Schalter umzulegen und deine Perspektive umzukehren: Blicke nicht mehr von innen heraus auf deine Wahrnehmung, auf deine Gefühle oder Gedanken. Versuche vielmehr, von außen nach innen zu blicken. Versuche, nichts zu beeinflussen und dich nicht mit deinem Denken oder deinen Gefühlen zu identifizieren. Bleibe der Beobachter. Nimm wahr, wie dein Körper ganz automatisch funktioniert und die Bewegungen beim Abspülen ausführt. Entkopple dich von dem Gedanken, dass du das steuerst. Überlasse die Steuerung deinem Unbewussten.

Lass es einfach passieren und beobachte diesen Prozess. Auch wenn Gedanken oder Gefühle auftauchen, beobachtest du einfach. Du stellst einfach von außen fest: »Dieser Körper nimmt gerade die Wärme des Spülwassers wahr«, »Dieser Verstand denkt gerade an den Termin von Mittwochabend«, »Dieser Körper fühlt gerade Entspannung, aber auch Ungeduld«, »Dieser Körper bewegt gerade seine Muskeln, um die Teller abzuschrubben«.

Aus dieser Perspektive nimmst du nun deinen Alltag wahr. Das mag dir zu Beginn etwas komisch vorkommen, und du wirst schnell wieder in die Ego-Perspektive fallen, aber mit ein wenig Übung wirst du besser darin. Diese Übung hilft dir dabei zu erkennen, welche Prozesse in dir »automatisch« ablaufen, also von deinem Unbewussten ausgehen, und welche vom Bewussten ausgehen. So kannst du den schmalen Grat zwischen dem bewussten und unbewussten Verstand wahrnehmen und erkennen.

Wenn du diese Übung mehrere Tage lang regelmäßig machst, fällt dir auf, dass das Bewusstsein eigentlich nur Beobachter ist. Du kannst dann die Entscheidungen des Unbewussten durch bewusstes Beobachten beeinflussen. Nun erkennst du, dass im Bewusstsein gar kein Denken vorhanden ist, sondern dass das Denken nur ein Werkzeug des Bewusstseins ist.

Diese Übung ist so einfach, aber auch sehr erkenntnisreich. Ich freue mich, wenn du durch sie einen besonderen Aha- oder Erleuchtungsmoment erlebst.

PASSIVE MEDITATION: **DIE EGO-BEOBACHTUNG**

In dieser Meditationsanleitung werde ich dir erklären, wie du deine Achtsamkeit auf alle inneren und äußeren Reize ausdehnen und deinen Beobachter-Blickwinkel verändern kannst. Du wirst die Identifikation mit deinem Ich auflösen, dich mit der Umgebung verbinden und eins mit ihr werden.

Von diesem höheren Standpunkt aus wirst du dein Ich bzw. dein Ego beobachten können. Auf dieser Ebene bist du der reine Beobachter und erfährst das wahre Sein.

Leite die Meditation wie gewohnt mit drei tiefen, besonders achtsamen Atemzügen ein. Atme danach ganz entspannt und im natürlichen Fluss weiter. Beobachte, wie sich deine Bauchdecke hebt und senkt. Danach dehnst du deine Achtsamkeit weiter auf deinen Körper aus und spürst, wie die Lebensenergie durch ihn fließt. In jede einzelne Zelle, von Kopf bis Fuß. Dehne deine Aufmerksamkeit weiter auf deine Umgebung aus. Auf den Boden, die Gegenstände, die dich umgeben, auf den Raum und die Weite. Nimm die Geräusche und die Energie deiner Umgebung wahr und verschmelze mit ihr. Werde selbst zur Umgebung.

Lass die Grenzen zwischen Umgebung und Körper verschwimmen. Werde beides zugleich. Jedes Geräusch, jeder Geruch, jede Empfindung. Alles ist Teil von deinem wahren Selbst. Du bist der Beobachter. Alle Reize, die kommen und gehen, sind weltlich, sie sind körperlich, sie sind das Ego. Egal, ob es Geräusche, Empfindungen, der Atem oder Gedanken sind, alle Reize sind gleichwertig. All das ist Ego. Gedanken von innen unterscheiden sich nicht von Umgebungsgeräuschen.

Sie sind beide nur Empfindungen des Ego-Verstandes. Es sind Empfindungen, die du beobachten kannst. Sei der Beobachter, ohne Wertung, ohne Identifizierung.

Wenn du beginnst, dich wieder mit Gedanken, Geräuschen oder Gefühlen zu identifizieren, kannst du ganz einfach wieder deine Perspektive ändern. Erweitere dann wieder dein Bewusstsein und nimm die Beobachterhaltung ein, die auf das Ego gerichtet ist. Löse dich von dem Weltlichen und beobachte einfach nur. Es ist ganz einfach und natürlich. Lass los und beobachte, was präsent ist. Egal, welche Empfindungen da sind, alles lässt sich beobachten. Jede Form von Wahrnehmung, die im Ego entsteht. Wie auch immer ein Reiz aussehen mag, ob freudige Gedanken oder ein Gefühl der Ungeduld ... Du kannst dich von allem freimachen und von allem lösen. Du kannst alles einfach beobachten und sein lassen. Sei alles; sei die Luft, die deinen Körper umgibt, sei die Wärme, die um dich herrscht. Sei das Licht, das hier ist. Blicke aus dieser einheitlichen Perspektive auf alles, was entsteht. Auf jeden Reiz, jedes Geräusch, jeden Gedanken. Nimm das Weltliche aus dem geistigen Blickwinkel wahr.

Zum Abschluss der Meditation kannst du gerne noch diesen erweiterten Blickwinkel beibehalten. Genieße die innere Ruhe und den inneren Frieden in dir. Du kannst die Perspektive des Beobachters zu jeder Zeit in deinem Alltag einnehmen. Immer dann, wenn dir danach ist oder du zu sehr von deinen Gedanken oder Gefühlen überwältigt wirst. Dies hilft dir dabei, dich mit deinem wahren Selbst zu verbinden und aus den Fängen des Egos zu entkommen.

BIST DU BEREIT FÜR LEVEL 8?

Hast du bereits Momente erleben können, in denen du den Unterschied zwischen Ego und dem wahren Selbst erfahren konntest? Bist du in der Lage, die Welt so wahrzunehmen, wie sie ist, ohne über sie zu urteilen oder zu tief von ihr vereinnahmt zu werden? Wenn dir jetzt nur noch der letzte Funke fehlt, um dein Ego zu überwinden und dich mit dem wahren Selbst zu verbinden, dann bist du bereit für die letzte Lektion. Jetzt werden wir daran arbeiten, über die Grenzen deines Verstandes hinauszublicken und dein Bewusstsein zu erweitern. Dabei kann es durchaus passieren, dass du kurze Einblicke in Erleuchtungszustände erfährst. Bist du bereit? Lass uns loslegen!

STUFE 8

DIE STILLE

DAS EGO IM SPIRITUELLEN DECKMANTEL

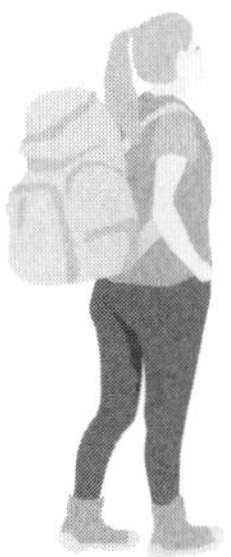

Die letzte Woche hatte mein Leben total umgekrempelt. Es war für mich kein Problem mehr, das Ego vollumfänglich wahrzunehmen, und ich hatte auch damit begonnen, es mehr und mehr loszuwerden.

»Kym, ich habe den Weg zu meinem wahren Selbst gefunden und habe schon begonnen, ihn zu gehen. Ich habe beschlossen, dass ich ab sofort vegan lebe und auf materielle Dinge größtenteils verzichte. Ich werde ein Leben im Minimalismus führen und mehr meditieren als alle anderen. Ich möchte auch viel besser akzeptieren, was auch immer mir im Leben passiert. Vorgestern hat mir jemand im Café meinen Rucksack gestohlen. Erst habe ich gespürt, dass ich wütend wurde, doch ich konnte meine Gefühle schnell umlenken. Wenn ich mich mit anderen Menschen vergleiche oder an mein früheres Ich zurückdenke, dann fühle ich regelrecht, dass ich mich spirituell ein großes Stück weiterentwickelt habe. Und je mehr ich mich vom Ego distanziere, umso mehr spüre ich, dass ich immer glücklicher werde. Je mehr ich auf etwas verzichte, umso besser fühle ich mich. Vielleicht gehe ich nicht mehr zurück nach Deutschland, vielleicht gehe ich irgendwo in ein Kloster, um noch spiritueller zu werden. Danke dafür, dass du mir den Weg gezeigt hast!«

Ich freute mich sehr, dass ich den Mut für diesen Entschluss hatte, und fühlte mich fast schon etwas high. Doch aus irgendeinem Grund, schien sich Kym nicht so sehr für mich zu freuen, wie ich eigentlich erwartet hatte. Ich wurde skeptisch: »Stimmt etwas nicht? Siehst du nicht, dass mich Meditation zu einem besseren Menschen gemacht hat? Auch das Rauchen habe ich aufgegeben, und ich esse seit einer Woche keinen Zucker mehr.«

Kym blickte mich weiterhin mit ernster Miene an und fragte mich: »Und wie lange, denkst du, wird es dauern, bis du komplett von deinem Ego losgelassen hast und bei deinem wahren Selbst ankommst?«

Ich war verwundert. War das eine Fangfrage? Ich versuchte vorsichtig zu antworten: »Ich denke, so lange, bis ich alles loslassen kann, was mit meinem Ego zu tun hat. Also vielleicht ein paar Wochen, ein paar Monate? Ich hoffe, nicht so lange«, ich lachte und versuchte, entspannt zu wirken.

Wir schwiegen einen Moment, bevor Kym ansetzte: »Dort, wo du gerade nach deinem wahren Selbst suchst, wirst du es nicht finden können. Das Ego kann manchmal sehr trickreich sein. Merkst du nicht, dass du heute mehr mit deinem Ego identifiziert bist, als du es letzte Woche warst?«

Ich war schockiert und konnte ihm nicht folgen. Als er mein fragendes Gesicht sah, sprach er weiter. »Lass dich nicht von deinem Ego täuschen, Luisa! Es ist geschickt darin, sich zu tarnen und aus seinem Versteck weiter Einfluss auf dich zu nehmen. Das hier ist ein klassischer Fall vom Ego im spirituellen Deckmantel.«

Ich runzelte die Stirn. »Bitte rede Klartext! Was soll das sein ... Ego im spirituellen Deckmantel? Ich dachte, ich soll mein Ego loslassen und die Identifikation damit auflösen ...«

Kym holte tief Luft und vermittelte mir den Eindruck, dass jetzt etwas sehr Wichtiges kam: »Du bist auf der Suche nach deinem wahren Selbst, doch du wirst es nie finden, wenn du nicht aufhörst zu suchen. Du kannst dein wahres Selbst nur finden, wenn du einfach erkennst, dass du schon da bist. Schau, du glaubst, du musst erst vegan sein, ein minimalistisches Leben führen und dich vom Materiellen trennen, um anzukommen. Du versuchst nicht, dein Ego loszulassen, sondern es loszuwerden – und das ist nicht möglich! All das macht dich vielleicht zu einem moralisch korrekten und verantwortungsbewussten Menschen, aber es führt dich nicht zu deinem wahren Selbst. Glaubst du, es gibt keine erwachten Menschen, die nicht vegan leben oder reich sind oder auch mal wütend sind, wenn sie beklaut werden? In Wahrheit beginnst du mit all den neuen Regeln für dein Leben doch nur, eine erneute Identifikation aufzubauen: eine Luisa, die spiritueller ist, die mehr Verzicht ausüben kann und es über sich ergehen lässt, wenn andere ihr Unrecht tun. Das ist doch alles einfach eine neue Facette des Egos, nur mit einem spirituell klingenden Aushängeschild. Natürlich hat sich dein Leben dann verändert, und vielleicht mag es sich manchmal auch besser anfühlen als das alte Leben – doch in Wahrheit wirst du immer weiter auf der Suche nach deinem wahren Selbst bleiben. Versteh mich nicht falsch: Ich finde es sehr schön, dass du dich in diese Richtung verändern möchtest, und mach das bitte auch gerne weiter so. Aber erwarte nicht, dass dich diese Lebensweise zum spirituellen Erwachen führen wird. Nur das Ego denkt, wir müssten dies oder jenes machen, um irgendwo anzukommen und dann erleuchtet zu werden. Und wenn du merkst, dass du noch nicht angekommen bist, wird es immer wieder etwas geben, das dein Verstand finden wird, um noch etwas besser zu machen oder um noch moralischer zu leben. Es gibt immer mehr Dinge, auf die du verzichten kannst. Doch du bleibst immer im Ego, weil du immer dort suchst, wo du dein wahres Selbst nicht finden kannst.«

»Was also soll ich machen, um es zu finden?«

»Es gibt nichts, was du machen kannst! Dein wahres Selbst kann weder gesucht noch gefunden werden. Suchen und Finden sind nur Konzepte des Egos. Wir sind wie Goldgräber, die mitten in einem Goldhaufen nach Gold suchen, aber es nicht finden, weil es zu offensichtlich vor uns liegt. Wie ein Fisch, der nach Wasser sucht, aber schon immer von Wasser umgeben ist. Wir suchen das Gold im Golde, das Licht im Lichte, das Wasser im Gewässer und unser wahres Selbst im wahren Selbst. Hör also auf, danach zu suchen, sondern öffne stattdessen deine Augen und sieh es in allem, was du wahrnehmen kannst. Erkenne, dass alles, was Ego ist, also alles, was du wahrnehmen kannst, egal was es auch ist, aus deinem wahren Selbst kommt. Wir alle werden als reine, erleuchtete Wesen in diese Welt hineingeboren, vergessen dies aber im Laufe unseres Lebens. Lass dich nicht von deinem Ego blenden. Es möchte sich einfach identifizieren, egal als was: als die Suchende, als die spirituell Entwickelte oder die scheinbar Erleuchtete. Durchschaue dieses Prinzip und hör auf zu suchen. Wenn du erkennst, dass du dein wahres Selbst in jedem Stein finden kannst – in jedem Sinnesreiz, in jeder Emotion und auch in jedem Gedanken –, dann musst du nicht mehr suchen. Weil all das, was dir alltäglich erscheint, in Wahrheit aus deinem wahren Selbst kommt und dein wahres Selbst ist. Alles, was Ego ist – alles, was du beobachten kannst –, kommt direkt aus deinem wahren Selbst. Und natürlich kannst du dein wahres Selbst nicht beobachten, weil es die Beobachtung selbst ist. Nur das Ego lässt sich beobachten, und das ist auch der Grund, warum du ein Ego hast und immer ein Ego haben wirst. Schau, es geht nicht darum, dein Ego loszuwerden, sondern Freundschaft mit ihm zu schließen. Du musst lediglich erkennen, dass du nicht nur Ego bist, sondern das wahre Sein, aus dem dein Ego kommt.«

Gefühlsmäßig konnte ich erfassen, was Kym sagte, doch ich war immer noch verwirrt. Er sah mir an, dass nur noch ein wenig fehlte, um es zu begreifen. Also versuchte er es weiter: »Stell dir vor, du wärst eine Taschenlampe. Alles, was du mit ihr anleuchten kannst, ist das Ego. Du kannst mit dem Licht der Taschenlampe deinen Körper sehen, die Außenwelt, deine Gefühle und deine Gedanken. Dein wahres Selbst ist also die Taschenlampe selbst, die Quelle des Lichts. Das ist der Grund, warum du dein wahres Selbst nicht sehen kannst. Die Taschenlampe kann sich nicht selbst anleuchten ... oder etwa doch?« Er zwang mich zum Nachdenken, und nach einer kurzen Weile antwortete ich etwas möchtegern-intelligent: »Doch! Wenn ich sie in den Spiegel halte, leuchtet sie sich selbst an.« Ich lachte und erwartete eigentlich, dass Kym meine Antwort witzig fände. Sicher war meine Antwort nicht das, was er hören wollte. Doch scheinbar war es wirklich so einfach.

»Sehr gut, Luisa! So ist es, so kann das wahre Selbst sich selbst erfahren. Übertrage doch jetzt mal den Vergleich der Taschenlampe auf dein eigenes Leben. Wo findest du den Spiegel, in dem sich dein wahres Selbst spiegelt? Wo wird das Licht der Taschenlampe in der realen Welt reflektiert? Ein kleiner Hinweis: Es ist kein Spiegel im wortwörtlichen Sinne.«

Ich blickte um mich, betrachtete die sattgrünen Bäume, lauschte den Vögeln und spürte die sanfte Brise, die durch meine Haare streifte. Dann löste Kym das Rätsel auf: »Der Spiegel ist die Welt selbst, Luisa! Alles, was existiert, ist ein Spiegel, in dem sich dein wahres Selbst reflektiert.«

Ich begann zu weinen. Kyms Worte brachen meinen Verstand regelrecht auf. Was er sagte, drang so tief, tiefer, als es Worte eigentlich ausdrücken können. In diesem Moment war es, als würde es keine Vergangenheit und keine Zukunft geben. Ich war da, und um mich herum war diese perfekte Welt. Überall, wo ich hinschaute, sah ich die tanzende Energie, die die Welt formte. Jedes Geräusch, jeder Geruch, jeder Reiz war Energie, die sich für kurze Zeit zu Materie verdichtete und wieder feinstofflich wurde. Alles war da, alle Möglichkeiten waren sichtbar und es war grenzenlos.

Kym lächelte mich an. »Lass mich dir in dieser Woche zeigen, wie du lernst, in jedem Moment dein Ego zu enttarnen und dich zu jeder Zeit mit deinem wahren Selbst zu verbinden.«

ENTDECKE DEIN WAHRES SELBST

Lass uns nun damit beginnen, deine Achtsamkeit auf das Unendliche auszudehnen. Das Stichwort dazu lautet: *die Stille.*

Was ist das, diese Stille, diese Leere, das Nichts oder der unendliche Raum, von dem so oft die Rede ist? Warum ist all dies so wichtig? Nun, unsere Welt ist alles andere als still. Überall sind Geräusche, Bewegungen, Gerüche usw. Die Welt ist schnell und ständig im Wandel. Alles verändert sich unaufhörlich. Moment für Moment. Du hast in den letzten Wochen nur zu gut gelernt, all das wahrzunehmen, damit zu leben und all diese Reize zu beobachten. Und das nicht nur in der Außenwelt. Auch in unserem Inneren ist es nicht still. Immer wieder kommt ein Gedanke, ein Gefühl oder eine Empfindung.

Die Reize kommen und gehen, immer und immer wieder. In den letzten Wochen ist dir vielleicht auch schon aufgefallen, wie ein Reiz entsteht, eine Weile besteht und dann wieder vergeht. Dieser Prozess findet bei jedem Reiz statt. Egal, ob es äußere Wahrnehmungen sind oder Gedanken und Gefühle. Nichts bleibt ewig. Selbst der Atem unterliegt dieser Gesetzmäßigkeit. Wir atmen ein, absorbieren die Luft und atmen wieder aus. Auch hier gibt es eine Phase der Entstehung, des Bestehens und des Vergehens.

Genau zwischen all diesen Reizen ist etwas. Ein Moment der Stille, der pure Raum, aus dem der Reiz kommt. Aus dieser Stille entsteht ein Geräusch, welches einen Moment besteht und dann wieder in der Stille vergeht. So wie bei einer Klangschale. Sie stellt das Feld der Stille dar. Wenn du sie anschlägst, entsteht ein Reiz – ein Klang, den unser Ego über unsere Ohren wahrnehmen kann. Dies können wir beobachten. Wir können auch beobachten, wie der Ton langsam abklingt und so leise wird, dass er wieder in der Stille verschwindet. Diese Stille ist immer präsent. Du kannst zu jeder Zeit die Schale anschlagen, und es entsteht ein Ton aus dem Nichts und vergeht wieder im Nichts – in der Stille. Das kannst du so oft wiederholen, wie du möchtest. Doch je nachdem, wo du die Schale anschlägst, entsteht ein anderer Ton. Jeder Ton besteht zu jeder Zeit als potenzielle Möglichkeit in der Klangschale. Jeder Ton ist in der Stille verborgen. Durch das Anschlagen der Klangschale kommt der Ton aus der Stille, bleibt einen Moment in unserem Gewahrsein und verschwindet dann wieder im Raum der Stille.

Übertrage nun das Bild der Klangschale auf dein eigenes Leben. Wenn die Stille die Klangschale darstellt, dann ist die Stille nun das Gefäß, in dem unser Leben stattfindet. Dein wahres Sein stellt also das Gefäß dar. Der Inhalt des Gefäßes stellt unser Ego dar. Dort sind all unsere inneren und äußeren Reize zu finden. Stelle dir dieses Gefäß allerdings nicht mit begrenztem Fassungsvermögen vor. Dieses Gefäß ist vielmehr ein unendlicher Raum, der alles und jeden umgibt. Dieser unsichtbare Raum steht für die Stille. Ein Energiefeld, aus dem jeder Reiz entstehen kann. Jedes Geräusch, jeder Geruch, jeder Gedanke, jedes Gefühl entsteht aus diesem Raum, besteht dann einen Moment lang (manches länger, manches weniger lang), und schließlich verschwindet der Reiz wieder in der Stille.

Das ist das Geheimnis der Stille. Es ist das, wo nichts Physisches existiert. Es ist der Ort, woraus das Physische manifestiert wird. Das Feld, aus dem sich die Energie verdichtet und Materie wird.

Etwas Physisches, das wir mit unseren Sinnen erfassen und mit unserem Ego wahrnehmen können. Es ist wie das weiße Papier zwischen den schwarz gedruckten Buchstaben. Schwarze Buchstaben könnten wir auf einem schwarzen Papier nicht lesen. Genauso ist es auch mit der Stille und den Reizen. Unser Verstand ist es gewohnt, die Buchstaben zu lesen, sie zu erkennen und ihren Sinn zu deuten. Wir haben bisher nur gelernt, uns auf die Inhalte zu konzentrieren. Das haben wir in den bisherigen Anleitungen umgesetzt. Nun möchte ich dich dazu inspirieren, nicht das schwarz gedruckte Wort wahrzunehmen, sondern den weißen Raum zwischen den Buchstaben. Diese Metapher kannst du auf die Übungen übertragen, die ich dir später vorstellen werde. Beobachte dabei die Stille zwischen den Reizen. Beobachte, wie etwas aus der Stille entsteht, besteht und wieder vergeht.

Das ist vorerst sehr ungewohnt für uns, da wir die Stille nie wahrgenommen haben. Unser Ego ist darauf geschult, nur die wichtigsten Reize wahrzunehmen und das Überflüssige herauszufiltern. Wenn wir die Wahrnehmung des Egos erweitern und wahrlich bewusst sind, können wir die Stille im Lärm wahrnehmen. Wenn du erfahren hast, dass der Raum der Stille überall um dich herum ist, kannst du immer wieder in die Stille eintauchen; selbst wenn um dich herum Geräusche, Gedanken und Reize sind. Die Reize helfen dir dann sogar dabei, die Stille zu erkennen, da du durch sie einen Kontrast erhältst.

Du kannst es auch so sehen: Alles, was existiert, und alles, was wir wahrnehmen können, unterliegt drei Mächten. Im Hinduismus werden diesen Mächten bestimmte Gottheiten zugeordnet. So kann man sich das bildlich etwas besser vorstellen. Der Gott Brahma stellt das Prinzip der Schöpfung dar. Er ist der Erschaffer. Wenn ein Ton erklingt, ein Gedanke auftaucht oder ein Licht aufleuchtet, dann hat Brahma es erschaffen. So hat alles, was existiert, einen Anfang. So auch unser Leben. Es fängt mit der Geburt an. Dann gibt es als zweiten Gott Vishnu. Er repräsentiert die Bewahrung. Er erhält das, was erschaffen wurde, aufrecht. So ist es mit dem Ton, der eine gewisse Zeit zu hören bleibt, und mit unserem Leben, das für eine gewisse Zeit erhalten bleibt. Der dritte Gott heißt Shiva und ist als Gott der Zerstörung bekannt. Das, was erschaffen wurde und eine gewisse Zeit beständig war, muss schließlich wieder vergehen. Nichts hält ewig. Alles, was existiert, wird irgendwann auch wieder vergehen. So auch der Ton, der entstanden ist. Genauso ist unser Leben. Auch unser Körper wird irgendwann sterben. Das mag zwar trostlos klingen, doch durch ständige Erschaffung und Zerstörung befinden sich diese drei Mächte im Gleichgewicht. Man sagt auch, dass sie im ewigen Tanz sind. Und diese drei Götter bilden das Eine, das alle miteinander verbindet: Brahman, das Absolute, das Ewige. Brahman bildet die Einheit aus den drei göttlichen Aspekten Brahma, Vishnu und Shiva. Jede Religion hat ihre eigenen Worte für diese Trinität, für dieses Zusammenspiel der drei großen Mächte. Im Christentum haben wir Gott als das Absolute. Aus ihm entstehen die drei Mächte Vater, Sohn und Heiliger Geist. Umgeben von dem Einen, dem Göttlichen. Das ist das, was wir als Stille bezeichnen. So fällt es dir möglicherweise leichter, dich von den religiösen Begriffen und Metaphern zu lösen und das, worum es geht, deinem Verstand etwas leichter verfügbar zu machen. Versteh also, dass die Stille der Raum ist, aus dem etwas erschaffen wird, etwas bestehen bleibt und dann wieder in der Stille vergeht. Alles Weltliche, alles Physische entsteht aus diesem Raum der Stille.

Die letzte Lektion besteht nun darin, dich mit dieser Stille zu verbinden. Werde die Stille selbst, werde zu diesem unsichtbaren Raum und beobachte alles, was existiert, aus dieser Perspektive. Beobachte, wie etwas aus der Stille erschaffen wird, dann eine Zeit lang beständig bleibt und schließlich wieder in der Stille vergeht. Ganz nach dem Prinzip der drei Gottheiten. So kannst du jeden Ton beobachten, jeden Gedanken, jedes Gefühl, einfach alles, was existiert. Nimm aus der Perspektive der Stille die Umgebung, deine Mitmenschen und dich selbst wahr. Alles ist gleichwertig. Alles ist miteinander verbunden. Dein Körper und dein Ego sind Teil eines großen Ganzen. Sie sind eng mit der größeren kosmischen Intelligenz verbunden. Das ist die letzte Lektion, die du lernen musst, um deine Achtsamkeit auf die Unendlichkeit auszuweiten.

So kannst du dich aus den körperlichen und gesellschaftlichen Zwängen befreien und frei sein von der sozialen Konditionierung und von Gedanken, die dich unterwerfen. So kann deine Seele deinen Ego-Verstand überwinden und aus unbewussten Sphären erwachen. So erkennst du, dass es dein Verstand ist, der dich limitiert, und dass es deine Gefühle sind, die dich leiden lassen. Wenn du die Welt aus dem Raum der Stille heraus betrachtest, stehen dir alle Türen offen. Du kannst aus dieser Stille eine Persönlichkeit hervorholen, die zu mehr bereit ist, als du bisher glaubtest zu sein. In dieser Stille sind unendlich viele Möglichkeiten verborgen, die du hervorholen kannst. Unendlich viele Wege, wie du dein Leben gestalten kannst. Denk an die Klangschale: Jeder Ton ist potenziell in der Stille der Klangschale vorhanden. Je nachdem, wie du die Klangschale anschlägst, erzeugst du den Ton. Du entscheidest, welchen Ton du aus der Stille hervorholen möchtest. So kannst du auch zu jeder Zeit neue Fähigkeiten, neue Talente und neue Ziele hervorholen. Aus dem Nichts, aus der Stille. Du hast das schon dein ganzes Leben lang gemacht. Ganz unbewusst, ganz automatisch. Nur hast du die Klangschale immer an der gleichen Stelle angeschlagen und wusstest nicht, dass es auch andere Möglichkeiten gibt. Nun, da du eine erweiterte Perspektive hast, kannst du bewusst wählen, in welche Richtung es für dich gehen darf. Du hast nun die Möglichkeit, dich für ein erfolgreiches, glückliches und gesundes Leben zu entscheiden. Diese Erkenntnis ist das größte Geschenk dieses Buches. Ich hoffe sehr, dass dir diese Erkenntnis und dieser Blick so helfen, wie sie mir damals selbst geholfen haben.

Keine Sorge, falls es jetzt noch nicht ganz Klick gemacht hat. In den Meditationsanleitungen werde ich dir hilfreiche Tipps an die Hand geben, mit denen du dir Zugang zu dieser Stille verschaffen kannst. Oft können wir diese Erkenntnis mit dem kognitiven Verstand nicht begreifen. Wir müssen sie in der Meditation erfahren.

AKTIVE MEDITATION: **DAS CHANTING**

Klänge können uns dabei helfen, einen tiefen Zugang zu unserem wahren Sein zu finden. Erinnere dich an das Beispiel mit der Klangschale. Sie zeigt uns die drei göttlichen Kräfte – Entstehen, Dauer, Vergehen – sehr deutlich. Aus der Stille entsteht der Ton, bleibt eine Weile bestehen und vergeht dann wieder in der Stille. Meditationen mit Klangschalen sind durchaus wirkungsvoll, doch meist haben wir keine Klangschale zur Hand. Dabei übersehen wir, dass wir unsere ganz persönliche, natürliche Klangschale eigentlich immer bei uns tragen: die Stimme. Seit tausenden Jahren wird die Silbe »Om« als Mantra für Meditationen genutzt. Sie repräsentiert den transzendenten Urklang, aus dessen Vibrationen nach hinduistischem Verständnis das gesamte Universum entstand. Wir hören den wahren, klanglosen Klang des »Om«, wenn Körper, Geist und Seele in tiefem Einklang zusammen funktionieren, wenn das Sichtbare und das Unsichtbare, das Manifestierte und das Unmanifestierte miteinander tanzen. In der Silbe »Om« werden die drei Klänge A-U-M miteinander kombiniert, wobei das A hier sehr tief ausgesprochen wird und fast wie ein O klingt. Beim Singen von »Aum« schwingt der Klang von A mehr im Kopf (Geist), der Klang von U mehr im Herzen (Seele) und der Klang von M mehr im Nabel (Körper).

Nimm für diese Übung deine Meditationshaltung ein. Alternativ kannst du die Übung auch im Stehen ausführen. Beobachte zunächst deinen Atem, lass ihn tief und lang werden. Beim Ausatmen beginnst du nun die Silbe so weit auszudrücken und auszudehnen, wie dein Atem reicht. Werde dabei zum »Om«, zum Klang selbst, und bringe deinen gesamten Körper in Vibration. Lass den Ton durch deine Muskulatur, dein Nervensystem und schließlich durch alle Zellen schwingen. Folge dabei einem angenehmen Rhythmus und lass genügend Abstand zwischen zwei Tönen bzw. Atemzügen, um die Stille dazwischen vollumfänglich wahrzunehmen. Wenn du tief in die Resonanz mit der Silbe kommst, kannst du beobachten, wie dein Ego die Laute von sich gibt und du die reine Beobachtung der Vibration selbst bist. Verbinde dich mit der Stille, die hinter dem Ton steckt und dich mit deinem wahren Wesenskern verbindet. Verstehe, dass alles, was existiert, ebenso Schwingung ist, die aus ebendieser Stille hervorkommt, eine Weile als Wahrnehmung besteht und dann wieder in die Stille zurückkehrt. Führe nach einigen Minuten gerne auch die Stille-Meditation aus diesem Kapitel durch, um dich noch tiefer mit deinem wahren Selbst zu verbinden. Gerne kannst du auch mit anderen Mantren chanten.

ERWEITERUNG

Musik gewinnt mehr Tiefe, wenn mehrere Instrumente gleichzeitig eingesetzt werden. Ähnliches lässt sich auch beobachten, wenn wir das »Om«-Chanting in der Gruppe durchführen. Die »Om«-Laute kommen so in Resonanz und die Schwingungen verstärken sich enorm. Wenn es sich anbietet, kannst du die Meditation also gemeinsam mit Freunden ausprobieren – ihr könnt dann alle davon profitieren. Damit ihr alle im gleichen Takt bleibt, empfiehlt es sich, dass eine Person aus der Gruppe die Führung übernimmt und alle anderen diesem Rhythmus folgen.

PASSIVE MEDITATION: **DIE TRIMURTI-MEDITATION**

Diese Meditationsübung habe ich so benannt, weil wir hier die drei fundamentalen Kräfte des Seins beobachten werden. Im Hinduismus steht der Begriff »Trimurti« (wörtlich: »die drei Gestalten«) für die drei göttlichen Prinzipien.

Beginne wie gewohnt mit drei tiefen Atemzügen, um im Hier und Jetzt anzukommen. Atme danach ganz intuitiv und natürlich weiter. Versuche den Atem nicht bewusst zu kontrollieren. Lass ihn einfach fließen und beobachte ihn. Nimm wahr, wie das Einatmen aus der Stille kommt, kurze Zeit erhalten bleibt und dann mit dem Ausatmen in die Stille zurückkehrt. Beobachte genau diesen leeren Raum dazwischen: den Moment der Stille. Nimm wahr, wie dann wieder ein neuer Atemzug aus der Stille kommt und schließlich wieder in ihr verschwindet. Lass dir Zeit, das zu beobachten, und bleibe vorerst lediglich beim Atem. Lass ihn zum Zugangsportal deines wahren Seins werden. Du kannst an dieser Stelle auch auf die unten aufgeführten Erweiterungen zurückgreifen, um noch tiefer in die Stille einzutauchen.

Um die Meditation abzuschließen, kannst du aus der Beobachterposition wahrnehmen, wie dein Ego noch zwei bis drei tiefe, besonders achtsame Atemzüge nimmt. Gerne kannst du weiterhin mit der Stille verbunden bleiben und dein Ego von hier aus beobachten. Nimm wahr, wie das Ego diesen Körper langsam bewegt, langsam die Augen öffnet und weiteratmet.

Je öfter du diese Meditation machst, desto leichter fällt es dir, dich mit der Stille zu verbinden. Das hilft dir dabei, dein Leben aus einer höheren Perspektive wahrzunehmen.

ERWEITERUNG 1

Knüpfe für diese Erweiterung an die Beobachtung der Stille zwischen den Atemzügen an. Dehne deine Achtsamkeit noch weiter aus. So weit, dass du eins mit dieser Stille und diesem leeren Raum wirst. Sei die Stille selbst und beobachte aus dieser Perspektive. Beobachte jetzt all die Reize, die aus der Stille kommen. Beobachte also die erschaffende Kraft des Universums, wie Reize aus der Stille entstehen und dann von den Sinnen deines Egos aufgenommen werden. Vielleicht ein Geräusch, ein Gedanke oder ein Gefühl. Du bist in der Stille und beobachtest das, was aus ihr entsteht. Du beobachtest es genau so, wie es in Erscheinung tritt, ohne Wertung und ohne Identifikation. Auch deine Atmung entsteht aus dieser Stille heraus. Weite so deine Achtsamkeit auf alle Reize aus, die in deine Wahrnehmung gelangen. Beobachte, was alles aus dem Raum der Stille hervorkommt. Äußere Reize haben dabei den gleichen Stellenwert wie innere Reize. Alles ist eins aus der Perspektive der Stille. Beobachte einen Moment lang all das, was aus diesem Raum – deinem wahren Selbst – entsteht.

ERWEITERUNG 2

Jede Wahrnehmung, die entsteht, verschwindet auch wieder in der Stille. Beobachte deshalb all das, was wieder in die Stille zurückkehrt. Beobachte also das Prinzip des Vergehens – wie Reize wieder in die Stille zurückkehren und aus der Sinneswahrnehmung deines Egos verschwinden. Dies können Geräusche sein, die verklingen, oder Gedanken, die einfach weiterziehen. Auch das Ausatmen geht in eine Pause über und wird so wieder zur Stille selbst. Verbinde dich dadurch mit dieser Stille.

Sei die Stille in deinem Raum und in deiner Umgebung. Lass diese Achtsamkeit weiterwachsen und nimm alles auf, was gerade aus deiner Wahrnehmung verschwindet. Beobachte die Reize, die wieder in die Stille – in dein wahres Selbst – zurückfließen.

ERWEITERUNG 3

Wenn du in der Lage bist, in der Beobachterposition zu bleiben und alle Reize, die dein Ego wahrnimmt, zu beobachten, dann bist du bereit für diese Ergänzung.

Beachte dabei, dass du von einer weiten Perspektive auf das Ego blickst, das in seiner Meditationshaltung sitzt, Reize wahrnimmt und diese von dort aus wertet und beurteilt. Schaue hindurch. Du bist nicht das, was du wahrnehmen kannst, du bist das, was wahrnimmt. Alle Reize sind nur neuronale Impulse, die eine weltliche Illusion erzeugen. Du bist die Stille, aus der jeder Reiz stammt und in die er wieder einkehrt. Du bist der Beobachter. Blicke auf dein Ego und lass es einfach denken, einfach fühlen, einfach hören, einfach atmen. Beobachte gleichermaßen, wie Reize entstehen, einen Moment bestehen und dann wieder in die Stille gehen. Du hast dich gelöst, bist frei davon und kannst einfach aus der Stille heraus zusehen.

Dehne das Feld deiner Achtsamkeit so weit aus, wie du es zulassen kannst. Vielleicht über dein Wohnviertel hinaus, über die Stadt, über die Erde, über die Grenzen des Universums hinaus. Die Stille ist die Heimat aller Existenz, und du bist diese Stille. Lass los und sei frei. Komm zu Hause an. Sei die Stille und beobachte aus dem Hier und Jetzt.

HAST DU ALLE EBENEN GEMEISTERT?

Du hast das Geheimnis der Meditation geknackt und möchtest nun wissen, wie es weitergeht? Ich werde dir in diesem Abschnitt verraten, wie du in der Zeit nach diesem Meditationsprogramm vorgehen solltest. Wenn du also die Übungen der letzten Lektion verinnerlicht hast und das Gefühl hast, dass du den Dreh raus hast, dann fühl dich herzlich dazu eingeladen, die letzten Seiten dieses Buches zu lesen.

WIE ES WEITERGEHT

DER RUF DER SEELE

»Du bist mir sehr ans Herz gewachsen, Luisa. Ich werde dich vermissen«, sagte Kym mit einem traurigen Lächeln.

Kaum zu glauben, dass es schon acht Wochen her war, seit wir mit dem Training begonnen hatten. Heute war tatsächlich der Tag gekommen, an dem ich Abschied nehmen musste.

»Danke, Kym! Du hast mir gezeigt, was es bedeutet, wirklich zu leben. Ich traue mich jetzt wieder zurück nach Deutschland, zurück ins Leben. Mein Herz zieht mich dorthin, und ich habe den Eindruck, ich werde dort gebraucht. Ich bin mir sicher, dass dort meine wahre Lebensbestimmung auf mich wartet. Bevor ich euer Dorf verlasse, würde ich dir aber gerne noch eine letzte Frage stellen.«

»Nur zu!«

»Ich habe verstanden, dass der gesamte Inhalt meines Lebens nichts weiter ist als der Schleier des Egos. Ganz egal, was auch immer ich wahrnehme oder was ich in meinem Leben erfahre – so auch meine Lebensaufgabe, also meine Lebensbestimmung, richtig?«

»Ich bin stolz auf dich! Genau so ist es.«

»Warum also muss ich meinem Ego eine Lebensaufgabe geben? Warum haben wir überhaupt ein Ego und sind nicht einfach nur die Stille selbst? Warum hat unser wahres Selbst, unsere wahre Seinsnatur so etwas wie das menschliche Wesen und dessen Ego-Schichten erschaffen? Ich würde gerne das Wechselspiel zwischen Ego und Sein besser verstehen.«

»Das ist eine sehr gute Frage! Darüber habe ich auch schon viel nachgedacht und mit vielen Suchenden darüber philosophiert. Auf diese Frage wird dir niemand eine richtige Antwort geben können, aber ich möchte dir die Geschichte vom einsamen Gott erzählen. Sie kann dir dabei helfen, eine Antwort auf deine Frage zu finden.«

Ich machte es mir ein letztes Mal, bevor ich abreiste, bei Kym gemütlich und genoss seine Erzählung.

»Es war einmal ein Mensch wie du und ich. Und dieser Mensch stellte sich – wie du auch – die Frage, wer oder was er sei. Auch er begann zu meditieren und die Antwort darauf in sich selbst zu finden. Auch er hat sein Ego transzendiert und hinter die Fassade blicken können. Er bekam Zugang zu seinem wahren Sein – so wie du. Er merkte, er ist nicht die Umgebung, nicht sein Körper, nicht seine Gedanken und auch nicht seine Gefühle. All das ist Ego und er ist dort, wo nichts Physisches existiert. Dort, wo er nur Bewusstsein, nur Beobachtung ist. Dort sah er, dass alle anderen Lebewesen auch nur ein Teil seines Egos sind und dass sich sein wahres Sein über alles Existierende erstreckt. Er ist die ganze Welt, das ganze Sein, die gesamte Schöpfung, und es gibt nichts Weiteres, weil er alles ist und alles beobachten kann. Er ist reines Bewusstsein. So hat er sich erinnert, dass er selbst Gott ist. Er war es schon immer, nur hatte er es die ganze Zeit über vergessen. Und so beobachtete er alles gleichzeitig. Er war jedes Ego, das existierte, existiert hat und existieren wird. Als er alles durchlebt hatte, war er nur noch reine Liebe und reine Dankbarkeit der Schöpfung gegenüber. Und in diesem transzendenten Zustand war er sehr lange. Unendlich lange, bis er vergaß, was Zeit ist. Es gab keine Vergangenheit, keine Zukunft; nur das Jetzt, in dem alles zu jeder Zeit existierte. Doch in dieser Unendlichkeit und in dieser Einheit wurde ihm klar, dass er doch ganz allein war. Und so wurde nach und nach aus Einheit Einsamkeit. Er konnte nichts Neues mehr erfahren, weil er bereits alles erfahren hatte und nichts mit jemand anderem teilen konnte, weil er alles war. Also beschloss er, sich wieder aufzuteilen und zu vergessen, wer er wirklich war, damit er wieder erfahren konnte, was er vergessen hatte. Und so wurde er wieder in ein Ego hineingeboren. So entstand wieder eine neue Inkarnation, und die Reise begann für ihn von vorn. Bis er eines Tages wieder auf die Meditation stieß und sich erneut begann zu erinnern und sich selbst neu zu entdecken. Und so wiederholte sich der Kreislauf immer wieder und immer wieder, so lange, bis die Unendlichkeit erschaffen wurde.«

»Okay, du willst mir also sagen, dass Gott bzw. unser wahres Selbst die irdische Welt braucht, um sich quasi selbst zu erfahren?«

»Ja, so könnte es sein.«

»Und demnach ist es ganz egal, welche Bestimmung ich meinem Leben gebe, weil ja theoretisch jedes Leben in jeder möglichen Variation vom wahren Selbst durchlebt wird?«

»Ja, das wäre eine mögliche Antwort!«

»Also bestimme ich mit meinem wahren Selbst, welche Variante meines Lebens ich beobachten möchte? Durch die bewusste Beobachtung gebe ich die Richtung vor, die mein Leben erhalten soll?«

»So ist es, Luisa! Ich sagte doch, die ganze Welt liegt dir zu Füßen, wenn du erkannt hast, wer du selbst bist! Dann wirst du deine Bestimmung im Herzen fühlen. Und ich bin überzeugt davon, dass wir unserem wahren Selbst mit Hilfe unseres Egos eine Erfahrung schenken können, die es zuvor noch nie erlebt hat. Denn wenn alle Variationen bereits durchlebt wären, dann wäre das Feld unserer Möglichkeiten doch nicht unendlich. Deshalb spürst du den Ruf deiner Seele in neuen, unbekannten Wegen. Lass dich von deinem wahren Selbst führen, dann wirst du wahrlich leben! Mach nicht den Fehler, ein langweiliges Leben zu leben, das du bereits gelebt hast. Lebe wahrlich und überwinde die Ängste deines Egos!«

Ich wusste jetzt voller Klarheit, was zu tun war. Ich verabschiedete mich von Kym, spürte, dass ich ihn vermutlich nie wiedersehen, aber für immer mit ihm verbunden sein würde. Dann begab ich mich ohne Umwege zurück in meine Heimat – was auch immer das für mich bedeutete.

SEI DU SELBST

Wenn du bis zu dieser Stelle alle Lektionen und Übungen sorgfältig durchgearbeitet hast, dann hast du mit großer Wahrscheinlichkeit bereits tiefere Einblicke ins wahre Sein erfahren können. Diese Momente der Einsicht werden auch *Satori* genannt, kurze Erleuchtungsmomente. Wenn sich diese Momente ausdehnen und aufrechterhalten werden können, spricht man von der Erleuchtung. Wie du dich mit diesen Momenten blitzschnell verbinden kannst und wie du dich darin üben kannst, diesen Zustand für längere Zeit aufrechtzuerhalten, möchte ich dir jetzt zum Abschluss dieses Buches vorstellen.

Die transformierende Reise, die du in diesem Buch erlebt hast, hat dir gewisse Fähigkeiten verschafft. Du kannst deine Beobachtung gewissermaßen auf Knopfdruck zum Atem, zum Körper, zu Gefühlen, Gedanken oder Umgebungsreizen lenken. Du kannst dich auch tief entspannen und hast gelernt, deine Achtsamkeit so weit auszudehnen, dass du hinter die Fassade des Egos blicken kannst. Wenn wir nun das Gelernte miteinander verbinden, erhalten wir die Formel, die uns blitzschnell mit unserem wahren Selbst verbindet und zu Erleuchtungsmomenten und schließlich zur Erleuchtung führen kann. Die Formel lautet:

Erleuchtung = Atem + Entspannung + Ausdehnung

Was bedeutet das konkret? Mit »Erleuchtung« meine ich hier die Verbindung zum Moment im Hier und Jetzt bzw. die Verbindung mit deinem wahren Sein. Auch wenn dieser Moment vielleicht nur von kurzer Dauer ist (Satori). Das ist der gewünschte Zustand, den wir hervorrufen möchten. In diesem Zustand können wir zwischen der Stimme des Egos und der Stimme unseres wahren Seins unterscheiden. Dort werden wir nicht mehr von unserem Ego kontrolliert, sondern können unser Ego und somit unser Leben steuern. In diesem Zustand können wir den Ruf unserer Seele hören und beginnen, diesem zu folgen. So erhalten wir Zugang zu unserem inneren Navigationssystem, unserem inneren Kompass. Wir gelangen in diesen Zustand, wenn die folgenden drei Punkte gleichzeitig beachtet werden:

ATEM

Stelle den Atem in das Zentrum deiner Beobachtung. Erinnere dich an die Abbildung aus Kapitel 2 mit dem peripheren Achtsamkeitsfeld. Der Atem ist hier fortwährend in der Mitte unseres Fokus' und wird nicht durch andere Reize abgelenkt. Bei allem, was du tust, begleitet dich dein Atem und steht im Zentrum deiner Beobachtung. Dies lernten wir in der ersten und zweiten Stufe dieses Trainings.

ENTSPANNUNG

Lass alle Anspannung los. Spannung bedeutet, am Ego festzuhalten. Deshalb solltest du dich von allen Spannungen lösen, ganz egal, wo sie liegen und woher sie kommen. Anspannungen können Indikatoren dafür sein, dass du an bestimmten Gedanken oder Gefühlen festhältst. Ein kurzer Body Scan kann dir helfen, diese Spannungen zu lokalisieren und ihre Ursache aufzudecken. Löse die Spannung auf, indem du die Identifikation damit loslässt. Dies lernten wir vor allem in der dritten Stufe.

AUSDEHNUNG

Mit »Ausdehnung« meine ich die Ausdehnung deiner Achtsamkeit. Werde dir über alles bewusst, was im peripheren Feld deiner Achtsamkeit liegt, und expandiere dieses Wahrnehmungsfeld ins Unendliche – ganz egal, ob es sich um äußere oder innere Reize handelt. Wichtig ist die urteils- und wertfreie Beobachtungshaltung. Dies lernten wir vor allem ab der vierten Stufe.

Ist dein Atem also im Zentrum, während du alle inneren und äußeren Reize (Ego) gleichzeitig im ausgedehnten Feld deiner Achtsamkeit wahrnehmen kannst und maximal entspannt bist, dann kannst du genau in den oben beschriebenen Zustand kommen und erleuchtungsähnliche Erfahrungen erleben. Lass mich dir die letzte und wichtigste Meditationsübung zeigen, die diese Formel aktiviert und dich blitzschnell mit deinem wahren Selbst verbindet.

DIE MOMENT-MEDITATION

Nach unserem mehrwöchigen Training und den unterschiedlichen Meditationstechniken, die du inzwischen kennengelernt hast, ist die nun folgende Anleitung die einzige, die du in Zukunft brauchst, um die Vorteile dieses Trainings weiterhin auszuschöpfen und stets mit deinem wahren Selbst in Verbindung zu bleiben.

Voraussetzung für diese Technik ist, dass du alle Meditationsübungen dieses Buches beherrschst und die einzelnen Stufen gemeistert hast. Solltest du merken, dass bestimmte Gedanken oder Gefühle dich vom Meditieren ablenken, ist es ratsam, dass du dich erst noch eine Zeit lang mit den Stufen 5 und 6 beschäftigst. Falls du im Laufe der nächsten Wochen, Monate oder Jahre merkst, dass du in einer der Stufen aus der Übung gekommen bist, fühl dich jederzeit eingeladen, deine meditative Fähigkeit in diesen Bereichen zu stärken.

Wenn du mit allen bisher behandelten Ebenen der Meditation gut zurechtkommst und alle Aspekte deines Egos im peripheren Achtsamkeitsfeld behalten kannst, ohne dass sie unkontrolliert das Zentrum deiner Achtsamkeit einnehmen, dann geht es nur noch darum, den meditativen Zustand aufrechtzuerhalten. Du musst dir also für die folgende Übung nicht mehr ein bestimmtes Zeitfenster suchen und eine spezifische aktive oder passive Meditationstechnik ausführen. Ziel ist vielmehr, dass dein gesamtes Leben zur Meditationsübung wird. Es wird in deinem Leben Situationen geben, in denen du wieder unbewusst wirst und ins Ego zurückfällst. Verbinde dich dann jeweils wieder mit dem gegenwärtigen Moment bzw. mit dem meditativen Zustand, indem du bewusst atmest, Anspannungen loslässt und deine

Achtsamkeit auf alle Reize ausdehnst. Behalte dann diesen Zustand bei, bis du merkst, dass du erneut in die Identifikation des Egos fällst. Mit etwas Übung reicht dir ein bewusster Atemzug, um dich wieder mit deinem wahren Selbst zu verbinden. Deshalb ist der Atem so wichtig, und deshalb wird er auch als das Zuhause unserer Seele bezeichnet. Wende also dieses Prinzip in jedem Moment deines Lebens an, um die Verbindung zu deinem wahren Selbst aufrechtzuerhalten und vollends in der Meditation anzukommen. Verstehe, dass Meditation keine Übung ist, sondern ein Bewusstseinszustand. Du kannst lernen, diesen Zustand mit nur einem Atemzug zu aktivieren. Interessant, dass unser Meditationstraining mit dem Atem begonnen hat und mit dem Atem endet, nicht wahr?

Der Schlüssel zur Meditation ist also, dass du erkennst, dass dein Leben selbst eine fortwährende Meditation ist. Das bedeutet aber nicht, dass du nie wieder dynamische Meditationstechniken oder Sitz-Meditationen ausüben solltest. Sie helfen dir dabei, deine Achtsamkeit weiterhin trainiert zu halten, damit du im Alltag stets im bewussten Zustand verweilen kannst. Ähnlich, wie wir ins Fitnessstudio gehen, um unsere Muskeln zu trainieren. Nutze also alle Übungen dieses Buches als eine Art Werkzeugkasten und wende diejenigen davon an, die du jeweils für deine konkrete Lebenssituation brauchst. In manchen Lebensabschnitten haben wir mehr mit Gefühlen zu kämpfen, in anderen mehr mit unseren Gedanken. Es liegt nun in deiner eigenen Verantwortung, dir ein individuelles Meditationsprogramm zusammenzustellen, das maßgeschneidert für dein Leben ist. Natürlich wird es im Laufe der Zeit immer wieder notwendig sein, dein persönliches Meditationsprogramm zu modifizieren, um alle Bereiche – alle Stufen – im Gleichgewicht zu halten. Ich wünsche dir auf diesem Weg ganz viele erleuchtende Momente.

SCHLUSSWORT UND DANK

Geschafft! Nun hast du das Meditieren in all seinen Aspekten kennengelernt und dein Bewusstsein deutlich erweitert. Das bedeutet allerdings nicht, dass du die Praxis nun gänzlich einstellen solltest.

Meditation ist wie Hausputz: Immer wieder lagert sich neuer Staub ab, und es bilden sich Flusen. So ähnlich ist das auch in unserem Inneren, wenn wir unsere Meditationspraxis einstellen. Nur durch regelmäßiges Training kannst du deine Achtsamkeit sauber, ausgedehnt und klar halten. Lassen wir die Praxis schleifen, würden unsere hart erarbeiteten Erfolge wieder verfliegen.

Bleib also regelmäßig am Ball und wiederhole gerne jederzeit die einzelnen Lektionen dieses Buches. Gerne möchte ich dich auch dazu einladen, an unserem kostenlosen Meditations-Workshop teilzunehmen. Dort meditieren wir gemeinsam und verinnerlichen das Gelernte weiter. Unter diesem QR-Code kannst du dir einen kostenfreien Termin aussuchen und am Training teilnehmen. Ich freue mich auf dich!

https://www.highermind.de/buch-m6/

Wenn dir dieses Buch gefallen hat, freue ich mich, wenn du es auf Amazon, Thalia oder einer anderen Händlerplattform positiv bewertest. Dieses Feedback ist besonders wichtig für meine Arbeit, da es mir einerseits dabei hilft, beim Schreiben meiner Bücher bestmöglich auf die Bedürfnisse meiner Leserinnen und Leser einzugehen, und andererseits dazu beiträgt, mehr Menschen zu erreichen und sie zu motivieren, ihr Bewusstsein zu erweitern. Ich bin fest davon überzeugt, dass wir unsere Welt zum Positiven verändern können, wenn mehr Menschen ein bewussteres Leben führen. Das ist meine Mission. Deshalb bedanke ich mich schon an dieser Stelle für deine Mithilfe dabei, diese Botschaft weiter in die Welt zu tragen.

Danke, dass du dieses Buch gelesen hast, ein Teil dieser Bewegung bist und nun zum Kreis der HigherMind-Community gehörst.

Zu guter Letzt möchte ich mich auch bei allen Menschen bedanken, die bei der Entstehung dieses Buches mitgewirkt haben. Danke vor allem an Franziska, meine Seelenpartnerin, die mich auf allen Wegen unterstützt und viel Liebe ihrerseits in das Buch hat einfließen lassen. Danke an das Team vom Goldmann Verlag, vor allem an Stella und Johannes. Danke, dass ihr HigherMind den Raum gebt, sich uneingeschränkt zu entfalten und so viele Leser zu erreichen. Danke auch an alle Mitglieder der HigherMind-Community. Ohne euch wäre es nicht möglich, dieser Leidenschaft zu folgen.

ANHANG

ÜBUNGSVERZEICHNIS

QUELLEN UND STUDIEN

1 J. D. Creswell, L. E. Pacilio LE, E. K. Lindsay EK, K. W. Brown KW(2014): Brief mindfulness meditation training alters psychological and neuroendocrine responses to social evaluative stress. *Psychoneuroendocrinology* 44: 1–12. doi: 10.1016/j.psyneuen.2014.02.007. Epub 2014 Feb 23. PMID: 24767614

2 Elizabeth A. Hoge, Eric Bui, Sophie A. Palitz, Noah R. Schwarz, Maryann E. Owens, Jennifer M. Johnston, Mark H. Pollack, Naomi M. Simon (2018): The effect of mindfulness meditation training on biological acute stress responses in generalized anxiety disorder, *Psychiatry Research*, Volume 262: 328–332. ISSN 0165–1781, https://doi.org/10.1016/j.psychres.2017.01.006

3 J. David Creswell, Adrienne A. Taren, Emily K. Lindsay, Baldwin M. Way, Rhonda K. Rosen, Jennifer L. Ferris (2016): Alterations in Resting-State Functional Connectivity Link Mindfulness Meditation With Reduced Interleukin-6: A Randomized Controlled Trial. *Biological Psychiatry*, Archival Report, Volume 80, Issue 1: 53–61.

4 Charles Elder, MD, MPH, FACP, Sanford Nidich, EdD, Francis Moriarty, EdD, and Randi Nidich, EdD (2014): Effect of Transcendental Meditation on Employee Stress, Depression, and Burnout: A Randomized Controlled Study. *The Permanente Journal*, Vol. 18, No. 1, Published Online: March 1, 2014, https://doi.org/10.7812/TPP/13-102

5 J. T. Ramsburg, R. J. Youmans (2014): Meditation in the Higher-Education Classroom: Meditation Training Improves Student Knowledge Retention during Lectures. *Mindfulness* 5: 431–441, https://doi.org/10.1007/s12671-013-0199-5

6 Dianna Quach, Ph. D. a, Kristen E. Jastrowski Mano, Ph. D. b,*, and Kristi Alexander, Ph. D.(2016): A Randomized Controlled Trial Examining the Effect of Mindfulness Meditation on Working Memory Capacity in Adolescents. *Journal of Adolescent Health* 58: 489–496, published: November 11, 2015, doi: https://doi.org/10.1016/j.jadohealth.2015.09.024

7 B. K. Hölzel, J. Carmody, M. Vangel, C. Congleton, S. M. Yerramsetti, T. Gard, S. W. Lazar (2011): Mindfulness practice leads to increases in regional brain gray mat-

ter density. *Psychiatry Res.*, 191(1): 36–43. doi: 10.1016/j.pscychresns.2010.08.006. Epub 2010 Nov 10. PMID: 21071182; PMCID: PMC3004979

8 Johannes Michalak, Katharina Rohde, Nikolaus F. Troje (2015): How we walk affects what we remember: Gait modifications through biofeedback change negative affective memory bias, *Journal of Behavior Therapy and Experimental Psychiatry*, Volume 46: 121–125, ISSN 0005-7916, https://doi.org/10.1016/j.jbtep.2014.09.004. Vgl. auch Jeffrey M. Greeson, Moria J. Smoski, Edward C. Suarez, Jeffrey G. Brantley, Andrew G. Ekblad, Thomas R. Lynch, and Ruth Quillian Wolever (2015): Decreased Symptoms of Depression After Mindfulness-Based Stress Reduction: Potential Moderating Effects of Religiosity, Spirituality, Trait Mindfulness, Sex and Age. *The Journal of Alternative and Complementary Medicine*: 166–174. http://doi.org/10.1089/acm.2014.0285

9 Willem Kuyken et al. (2015): Effectiveness and cost-effectiveness of mindfulness-based cognitive therapy compared with maintenance antidepressant treatment in the prevention of depressive relapse or recurrence (PREVENT): a randomised controlled trial, *The Lancet*, Volume 386, Issue 9988: 63–73.

10 A. Lutz, J. Brefczynski-Lewis, T. Johnstone T, R.J. Davidson (2008): Regulation of the Neural Circuitry of Emotion by Compassion Meditation: Effects of Meditative Expertise. *PLOS ONE* 3(3): e1897. https://doi.org/10.1371/journal.pone.0001897

11 F. Zeidan, K.T. Martucci, R.A. Kraft, J.G. McHaffie, R.C. Coghill (2014): Neural correlates of mindfulness meditation-related anxiety relief. *Soc Cogn Affect Neurosci.* 9(6): 751–9, doi: 10.1093/scan/nst041. Epub 2013 Apr 24. PMID: 23615765; PMCID: PMC4040088

12 R.A. Gotink, M.W. Vernooij, M.A. Ikram, W.J. Niessen, G.P. Krestin, A. Hofman, H. Tiemeier, M.G.M. Hunink (2018): Meditation and yoga practice are associated with smaller right amygdala volume: the Rotterdam study. *Brain Imaging Behav.* 12(6): 1631–1639, doi: 10.1007/s11682-018-9826-z. PMID: 29417491; PMCID: PMC6302143

13 D.W. Orme-Johnson, V.A. Barnes (2014): Effects of the transcendental meditation technique on trait anxiety: a meta-analysis of randomized controlled trials. *J Altern Complement Med.* 20(5): 330–41, doi: 10.1089/acm.2013.0204. Epub 2013 Oct 9. PMID: 24107199

14 D.S. Black, G.A. O'Reilly, R. Olmstead, E.C. Breen, M.R. Irwin (2015): Mindfulness meditation and improvement in sleep quality and daytime impairment among older adults with sleep disturbances: a randomized clinical trial. *JAMA*

Intern Med. 175(4): 494–501, doi: 10.1001/jamainternmed.2014.8081. PMID: 25686304; PMCID: PMC4407465

15 P. Kaul, J. Passafiume, C.R. Sargent, B.F. O'Hara (2010): Meditation acutely improves psychomotor vigilance, and may decrease sleep need. *Behav Brain Funct.* 6:47, doi: 10.1186/1744-9081-6-47. PMID: 20670413; PMCID: PMC2919439

16 L. Keefer, E.B.Blanchard (2002): A one year follow-up of relaxation response meditation as a treatment for irritable bowel syndrome. *Behav Res Ther.* 40(5): 541–6. doi: 10.1016/s0005-7967(01)00065-1. PMID: 12038646

17 Zu Migräne vgl. A.B. Wachholtz, C.D. Malone, K.I. Pargament (2017): Effect of Different Meditation Types on Migraine Headache Medication Use. *Behav Med.* 43(1): 1–8, doi: 10.1080/08964289.2015.1024601. Epub 2015 Apr 11. PMID: 25864906; PMCID: PMC4600642. Zu Rückenschmerzen vgl. D.C. Cherkin, K.J. Sherman, B.H. Balderson et al. (2016): Effect of Mindfulness-Based Stress Reduction vs Cognitive Behavioral Therapy or Usual Care on Back Pain and Functional Limitations in Adults With Chronic Low Back Pain: A Randomized Clinical Trial. *JAMA* 315(12): 1240–1249, doi:10.1001/jama.2016.2323. Zu allgemeiner Schmerzbehandlung vgl. F. Zeidan, A.L. Adler-Neal, R.E. Wells, E. Stagnaro, L.M. May, J.C. Eisenach, J.G. McHaffie, R.C. Coghill (2016): Mindfulness-Meditation-Based Pain Relief Is Not Mediated by Endogenous Opioids. *J Neurosci.* 36(11): 3391–7, doi: 10.1523/JNEUROSCI.4328-15.2016. PMID: 26985045; PMCID: PMC4792946

18 Robert H. Schneider, MD, FACC, Clarence E. Grim, MD, Maxwell V. Rainforth, PhD, Theodore Kotchen, MD, Sanford I. Nidich, EdD, Carolyn Gaylord-King, PhD, John W. Salerno, PhD, Jane Morley Kotchen, MD, MPH, and Charles N. Alexander, PhD (2012): Stress Reduction in the Secondary Prevention of Cardiovascular Disease. *Circ Cardiovasc Qual Outcomes* 5(6): 750–8, doi: 10.1161/CIRCOUTCOMES.112.967406. Epub 2012 Nov 13.

19 A. Castillo-Richmond, R.H. Schneider, C.N. Alexander, R. Cook, H. Myers, S. Nidich, C. Haney, M. Rainforth, J. Salerno (2000): Effects of stress reduction on carotid atherosclerosis in hypertensive African Americans. 31(3): 568–73, doi: 10.1161/01.str.31.3.568. PMID: 10700487; PMCID: PMC9341385

20 J.P. Manikonda, S. Störk, S. Tögel, A. Lobmüller, I. Grünberg, S. Bedel, F. Schardt, C.E. Angermann, R. Jahns, W. Voelker (2008): Contemplative meditation reduces ambulatory blood pressure and stress-induced hypertension: a randomized pilot trial. *J Hum Hypertens.* 22(2): 138–40, doi: 10.1038/sj.jhh.1002275. Epub 2007 Sep 6. PMID: 17823597

21 R. Mehta, K. Sharma, L. Potters, A. G. Wernicke, B. Parashar (2019): Evidence for the Role of Mindfulness in Cancer: Benefits and Techniques. *Cureus* 11(5): e4629, doi: 10.7759/cureus.4629. PMID: 31312555; PMCID: PMC6623989

22 B. Barrett, M. S. Hayney, D. Muller, D. Rakel, A. Ward, C. N. Obasi, R. Brown, Z. Zhang, A. Zgierska, J. Gern, R. West, T. Ewers, S. Barlow, M. Gassman, C. L. Coe (2012): Meditation or exercise for preventing acute respiratory infection: a randomized controlled trial. *Ann Fam Med.* 10(4): 337–46, doi: 10.1370/afm.1376. PMID: 22778122; PMCID: PMC3392293

23 C. Y. Fang, D. K. Reibel, M. L. Longacre, S. Rosenzweig, D. E. Campbell, S. D. Douglas (2010): Enhanced psychosocial well-being following participation in a mindfulness-based stress reduction program is associated with increased natural killer cell activity. *J Altern Complement Med.* 16(5): 531–8, doi: 10.1089/acm.2009.0018. PMID: 20455784; PMCID: PMC2921566

24 M. Kox, L. T. van Eijk, J. Zwaag, J. van den Wildenberg, F. C. Sweep, J. G. van der Hoeven, P. Pickkers (2014): Voluntary activation of the sympathetic nervous system and attenuation of the innate immune response in humans. *Proc Natl Acad Sci U S A.* 111(20): 7379–84, doi: 10.1073/pnas.1322174111. Epub 2014 May 5. PMID: 24799686; PMCID: PMC4034215. Vgl. auch H. Lavretsky, E. S. Epel, P. Siddarth, N. Nazarian, N. S. Cyr, D. S. Khalsa, J. Lin, E. Blackburn, M. R. Irwin (2013): A pilot study of yogic meditation for family dementia caregivers with depressive symptoms: effects on mental health, cognition, and telomerase activity. *Int J Geriatr Psychiatry* 28(1): 57–65, doi: 10.1002/gps.3790. Epub 2012 Mar 11. PMID: 22407663; PMCID: PMC3423469

25 C. Y. Fang, D. K. Reibel, M. L. Longacre, S. Rosenzweig, D. E. Campbell, S. D. Douglas (2010): Enhanced psychosocial well-being following participation in a mindfulness-based stress reduction program is associated with increased natural killer cell activity. *J Altern Complement Med.* 16(5): 531–8, doi: 10.1089/acm.2009.0018. PMID: 20455784; PMCID: PMC2921566

26 Y. Y. Tang, R. Tang, M. I. Posner (2013): Brief meditation training induces smoking reduction. *Proc Natl Acad Sci U S A.* 110(34): 13971–5, doi: 10.1073/pnas.1311887110. Epub 2013 Aug 5. PMID: 23918376; PMCID: PMC3752264

27 Sunjeev K. Kamboj, DClinPsy, PhD, Damla Irez, DClinPsy, Shirley Serfaty, DClinPsy, Emily Thomas, MSc, Ravi K. Das, PhD, Tom P. Freeman, PhD (2017): Ultra-Brief Mindfulness Training Reduces Alcohol Consumption in At-Risk Drinkers: A Randomized Double-Blind Active-Controlled Experiment. *International Journal of Neuropsychopharmacology*, Volume 20, Issue 11: 936–947, https://doi.org/10.1093/ijnp/pyx064

28 Charles Alexander, Pat Robinson, Maxwell Rainforth (1994): Treating and Preventing Alcohol, Nicotine, and Drug Abuse Through Transcendental Meditation. *Alcoholism Treatment Quarterly* 11: 13–87, 10.1300/J020v11n01_02

29 Evelien Van De Veer, Erica Van Herpen, Hans C. M. Van Trijp (2016): Body and Mind: Mindfulness Helps Consumers to Compensate for Prior Food Intake by Enhancing the Responsiveness to Physiological Cues. *Journal of Consumer Research*, Volume 42, Issue 5: 783–803, https://doi.org/10.1093/jcr/ucv058

30 L. E. Carlson, T. L. Beattie, J. Giese-Davis, P. Faris, R. Tamagawa, L. J. Fick, E. S. Degelman, M. Speca (2015): Mindfulness-based cancer recovery and supportive-expressive therapy maintain telomere length relative to controls in distressed breast cancer survivors. *Cancer* 121(3): 476–84, doi: 10.1002/cncr.29063. Epub 2014 Nov 3. PMID: 25367403. Vgl. auch T. L. Jacobs, E. S. Epel, J. Lin, E. H. Blackburn, O. M. Wolkowitz, D. A. Bridwell, A. P. Zanesco, S. R. Aichele, B. K. Sahdra, K. A. MacLean, B. G. King, P. R. Shaver, E. L. Rosenberg, E. Ferrer, B. A. Wallace, C. D. Saron (2011): Intensive meditation training, immune cell telomerase activity and psychological mediators. *Psychoneuroendocrinology* 36(5): 664–81, doi: 10.1016/j.psyneuen.2010.09.010. Epub 2010 Oct 29. PMID: 21035949

31 M. K. Bhasin, J. A. Dusek, B. H. Chang, M. G. Joseph, J. W. Denninger, et al. (2017): Correction: Relaxation Response Induces Temporal Transcriptome Changes in Energy Metabolism, Insulin Secretion and Inflammatory Pathways. *PLOS ONE* 12(2): e0172873, https://doi.org/10.1371/journal.pone.0172873

32 I. Buric, M. Farias, J. Jong, C. Mee, I. A. Brazil (2017): What Is the Molecular Signature of Mind-Body Interventions? A Systematic Review of Gene Expression Changes Induced by Meditation and Related Practices. *Front Immunol.* 16; 8:670, doi: 10.3389/fimmu.2017.00670. PMID: 28670311; PMCID: PMC5472657

33 T. Gard, M. Taquet, R. Dixit, B. K. HölzelK, Y. A. de Montjoye, N. Brach, D. H. Salat, B. C. Dickerson, J. R. Gray, S. W. Lazar (2014): Fluid intelligence and brain functional organization in aging yoga and meditation practitioners. *Front Aging Neurosci.*, 6:76. doi: 10.3389/fnagi.2014.00076. PMID: 24795629; PMCID: PMC4001007

34 E. Luders, N. Cherbuin, C. Gaser (2016): Estimating brain age using high-resolution pattern recognition: Younger brains in long-term meditation practitioners. *Neuroimage* 134: 508–513, doi: 10.1016/j.neuroimage.2016.04.007. Epub 2016 Apr 11. PMID: 27079530

35 ö1/ORF: Logos – Theologie und Leben. Sendung vom 8. Januar 2011, 19:05 Uhr

36 SWR1 Baden-Württemberg: Leute. Sendung vom 17. Juli 2018, 10:00 Uhr

37 ZDF neo: Dokumentation »Supertalent Mensch. Die Geistesgiganten«. Sendung vom 06. Dezember 2014

38 Ebd.

39 M. Kox, L. T. van Eijk, J. Zwaag, J. van den Wildenberg, F. C. Sweep, J. G. van der Hoeven, P. Pickkers P (2014): Voluntary activation of the sympathetic nervous system and attenuation of the innate immune response in humans. *Proc Natl Acad Sci U S A.* 111(20): 7379–84, doi: 10.1073/pnas.1322174111. Epub 2014 May 5. PMID: 24799686; PMCID: PMC4034215

40 Vgl. dazu etwa www.anderes-sehen.de/akustische-orientierung-mobilitat/world-access-for-the-blind/

41 J. Verghese, R. B. Lipton, M. J. Katz, C. B. Hall, C. A. Derby, G. Kuslansky, A. F. Ambrose, M. Sliwinski, H. Buschke (2003): Leisure activities and the risk of dementia in the elderly. *N Engl J Med.* 348(25): 2508–16, doi: 10.1056/NEJMoa022252. PMID: 12815136

42 René Ebersbach, Stefan Schmidt (2019): *Das Bereitschaftspotential, das Libet-Experiment und die langsamen Hirnpotentiale: ein neurophänomenologischer Blick auf den freien Willen.* Würzburg: Königshausen & Neumann

43 B. Libet (1985): Unconscious cerebral initiative and the role of conscious will in voluntary action. *Behavioral and Brain Sciences* 8(4): 529–539, doi:10.1017/S0140525 X00044903

REGISTER

HIGHER MIND

„**Unsere Vision ist, dass die ganze Menschheit aufwacht!** Durch BewusstSein können wir uns von unbewussten ego-gesteuerten Gedanken & Verhaltensweisen befreien und unser Leben nach eigenen Wünschen kreieren.“

Andreas Schwarz

GRÜNDER